French Poets of Today

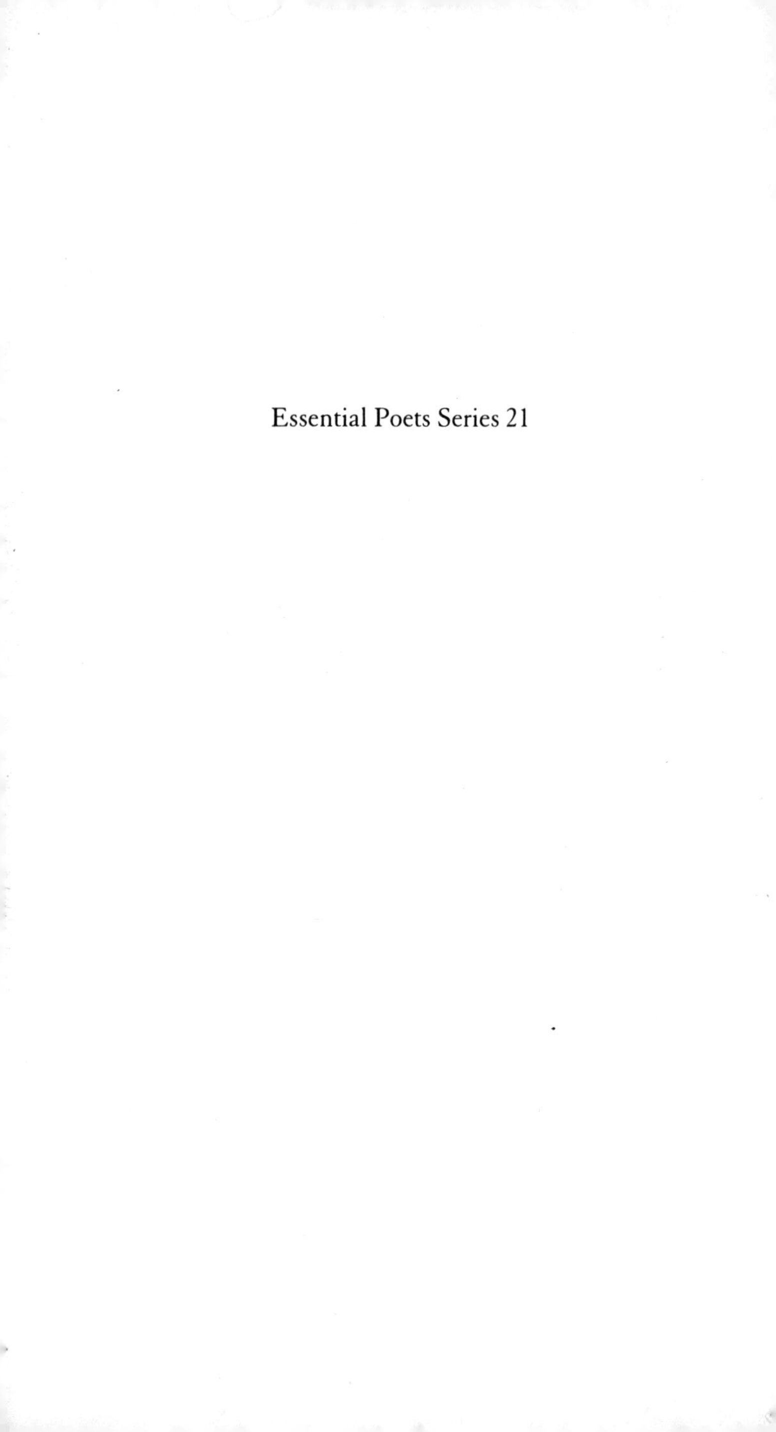

Essential Poets Series 21

French Poets of Today

Edited by Jean-Yves Reuzeau

Guernica
Toronto • Buffalo • Lancaster (U.K.)
1999

Originally published by Guernica Editions Inc. in 1987.

Antonio D'Alfonso, editor.
Guernica Editions Inc.
P.O. Box 117, Station P, Toronto (ON), Canada M5S 2S6
2250 Military Rd., Tonawanda, N.Y. 14150-6000 U.S.A.
Gazelle, Falcon House, Queen Square, Lancaster LR1 1RN U.K.

Printed in Canada.
Legal Deposit — Second Quarter.
National Library of Canada
Library of Congress Card Number: 97-78147
Canadian Cataloguing in Publication Data
French poets of today
(Essential poets ; 21)
New ed.
ISBN 0-920717-82-9
1. French poetry — 20th century. 2. French poetry.
Translations into English.
I. Reuzeau, Jean-Yves, 1951-. II. Series.
PQ 1170.E6F68 1999 841'.91408 C92-090228-6E

Contents

Preface

The writers of this collective work may be grouped in two successive generations: Yves Martin, James Sacré, Leslie Kaplan, Serge Sautreau, André Velter and Franck Venaille born between 1936 and 1945; Patrice Delbourg, Olivier Kaeppelin, Dominique Labarrière, Jean-Yves Reuzeau, Serge Safran and Marc Villard born between 1947 and 1951. We thought it would be of interest to include a younger writer, Patrice Beray, born in 1956.

If we look at the poetry produced in France from the Sixties onwards, we will notice that, inspite of the number of works available, the writers in question can in no way be grouped by school of thought or movement. After the Surrealists, French writers rarely engage themselves in one literary movement or another. From time to time we hear references made to *Nouveau réalisme, Asphalte romanticisme, Génération froide, Formalisme* and *Bucolisme émerveillé*, however such classifications prove to be arbitrary. Paradoxically, the more a work is defined the more difficult it is to place its author under a particular literary banner. This is a period of confusion, perhaps, yet a highly creative moment filled with lyricism which comes to counteract formalism ending suddenly by the late Sixties, early Seventies, leaving its traces everywhere.

Virtually all the writers grouped here have been active in the French poetry scene for over ten years. Their names may be found in all the major literary magazines and anthologies published in France and abroad. This anthology is based on an excellent anthology published in

Sweden in 1984, *Boulevarder och Fågelsträck*, which gathered the works of Yves Martin, Franck Venaille, James Sacré, Serge Sautreau, Leslie Kaplan, Patrice Delbourg and Jean-Yves Reuzeau, amongst others. It should also be mentioned that the history of French poetry has basically been written in literary magazines. Thus, some of the authors included in this anthology have been, and still are, the life and soul of major literary publications: Franck Venaille (*Chorus, Mister Bloom*), Patrice Delbourg and Olivier Kaeppelin (*Exit*), Dominique Labarrière (*Rue Rêve*), Jean-Yves Reuzeau and Serge Safran (*Jungle*), Serge Sautreau and André Velter (*Nulle Part*).

Although the thirteen writers here have crossed paths, their literary domains remain somewhat far apart. This situation is most fortunate, as it contributed to the creation of a varied panorama of modern poetry in France. A somewhat fragmentary panorama, owing to the proliferations of styles, but extremely representative of the main trends of the forces at work today. The North American reader, unperturbed by the regional context of this poetry, will probably find it easier than the French reader to locate new tendencies, new paths within this writing. It is a growing interest of our epoque, it would appear, to publish in each country anthologies of foreign poets; the aim being to be permanently confronted with new ideas and openings within the never-ending work on language.

PATRICE BERAY

Poems

Translated by Geoffrey Patten

Nuit européenne

l'hiver à Amsterdam est un fleuve bleu
d'échoppes et de vitrines

un vent froid a ce soir engourdi la mer plus
blanche qu'une mer du Nord
et le geste large du voyageur n'y peut rien

rapide comme J. Cagney
dans *L'Enfer est à lui*

j'imagine, seul, une ville portuaire que
mon pouls affole cent vingt pulsations minute

j'imagine
les tempes cognées de rivages bruns
que ma voix
cassée
n'atteint plus les micros d'ombre de la nuit

des feux dans ma tête indiquent
aux poignets cassés des fenêtres
que le voyage arc-en-ciel a fait une courbe
sous un ciel de granit

jetant les bases de ma présence
hallucinée
dans les sanas du rythme

ce mélange d'images & de cartes
ce commerce d'heures nues contre des épices
des extraits de racines

European Night

winter in Amsterdam is a blue river
of stores and shop windows

this evening a cold wind has soothed the sea
whiter than a northern sea
and the sweeping gesture of the traveller is in vain

as fast as Cagney
in *White Heat*

I imagine, alone, a port that
my pulse drives at 120 beats a minute

I imagine
my temples pounding with brown shores
that my voice
broken
no longer reaches the microphones of the night

lights in my head show
at the broken wrists of windows
that the rainbow voyage has curved
under a granite sky
casting the grounds for my hallucinated
presence
in the sanatoriums of rhythm

this mixture of images and maps
this commerce of naked hours for the spices
of root extracts

ce frottement de sang
entre Punk et gigolo du Tout-Paris
ou dans la faune de Moscou la maïakowskienne
me font dire que les routes intérieures
ont gagné le corail des boulevards d'une Métropole du Nord

L'hiver a cassé les vitres
la neige a coupé les ponts au-dessus des villes

l'oiseau des tempêtes a détourné la fièvre jaune sur
les côtes africaines
la Pan American n'assure plus ses vols réguliers
interstellaires

Beauté sérieuse   sans mystère des nouvelles

je m'ennuie presque

j'imagine que c'est sans importance

this rubbing of blood
between Punk and upper-crust Paris gigolo
or in the wildlife of Maiakowskian Moscow
make me say that the inner roads
have reached the coral boulevards
of a northern metropolis

winter has broken the windows
the snow has snapped the bridges above the cities

the storm bird has deflected the yellow fever
onto the African coasts
Pan American no longer makes its regular
interstellar flights

serious Beauty without the enigma of news

I'm almost bored

I imagine it doesn't matter

Passagers de la nuit (Ouverture)

Près des gares, canaux et boulevards s'enchevêtrent jusqu'aux périphéries orangées de la nuit naissante.

Je viens d'une ville détruite et je m'oriente avec les feux du sommeil, de la veille.
Je connais l'ersatz du voyage; j'aime ce trouble profond entre les êtres; je vis aussi dans l'ombre de ceux que j'aime.

Je suis acteur provisoire dans la labilité du temps.
Ce soir, rien ne m'attend. Nulle part.
Je détaille avec les doigts les angles fins de mes vêtements.
J'écris des lettres. Je recolle la ville, une ville imprévisible, une carte d'eau et de silence où s'estompe ma fièvre, où jaillissent les cris lamés de mes suicides.

Night Passengers (Overture)

Near stations, canals and boulevards tangle
out to the orange edges of the night being born.

I'm from a destroyed city and find my way
with the lights of sleep, of the night before.
I know the substitute for travel; I like this deep
uneasiness between beings; I also live in the shadow
of those I love.

I'm a temporary actor in the trustlessness of time.
This evening, nothing's waiting for me. Nowhere.
I finger the sharp creases of my clothes. I write letters. I
piece the city back together, an unpredictable city, a map
of water and silence where my fever fades, where the
bladed screams of my suicides burst forth.

European Graffiti (Extraits)

I

ex-comédienne   un peu folle

elle se dit mannequin

elle mange chez Chartier pour rien
et écoute la Voix du Lézard

c'est elle qui passe de groupe en groupe
aux terrasses des Halles
quand sous les personnages doubles
naissent les modèles de la nuit

aussi incroyable
que La Havane
3 P.M. dit-elle

European Graffiti (Extracts)

I

a former actress   a little crazy

she says she's a model

she eats chez Chartier for free
      and listens to *La Voix du Lézard*

she goes from group to group
   on the terraces of the Halles
when from secret characters
   models of the night are born

         as incredible as
         Havana 3:00 P.M.
               she says

II

derrière l'épaule se glissent des escaliers
de nuit
des murs sans fond
et des personnages qui les creusent
pour entrer dans ma vie pour une réplique
ou pour un verre

ce sont des soirs de méditerranée sud
d'encre de chine violette
des fleuves aux flots jaunis écrêtent
les persiennes refermées sur le port

au casino on me vend des passeports
je suis un immigré de race blanche
je vis dans les murs du Cosmopolitan Hotel

II

past my shoulder slide the staircases of
night
endless walls
and the people who hollow them out
to enter into my life for a retort
or for a drink

these are evenings of the southern Mediterranean
of violet India ink
rivers with yellowed waves peak
at the Venetian blinds shut to the port

in the casino I'm sold passports
I'm a white immigrant
I live within the walls of the Cosmopolitan Hotel

III

je vois déjà sur le télescripteur s'effacer
des cargos pour la Birmanie

au-dessus du port   les avions lâchent des
prises aériennes

je me sens seul et tranquille dans cette ville
de juillet

nulle part ailleurs meilleur endroit pour se
sentir   «seul et tranquille»

le soir est une couleur ocre que simulent les
pistes multicolores où rebondissent les voitures
comme des dés pipés

je joue à l'intérieur avec les mots comme avec
des cubes de glace et mes blondes s'enroulent
au fond du cerveau

encore une déchirure de vitres

et joy division me rappelait à temps
qu'il me faudrait déjouer le malheur   la simple
tristesse ou la malchance d'une esquive précise
et chaloupée

III

on the teletype I already see cargos for Burma
fading away

above the port airplanes drop
overhead photographs

I feel alone and comfortable in this July city

nowhere else is there a better spot for
feeling "alone and comfortable"

the evening is an ochre colour simulated by
the multicoloured trails with their cars jolting
like loaded dice

I play inside with words as with
cubes of ice and my Craven «A»'s curl
in the back of my mind

once more a tearing of windows

and joy division reminded me in time
that I had to outwit unhappiness simple
sadness or bad luck with a precise
and swaying dodge

IV

ce soir je suis voyageur, non, je bois une téquila
au Métropole rue de l'Industrie et les sax perforent
mes tempes

j'attends Bonnie   je me dis qu'une escouade de
pétroliers glisse sur les mers tous feux éteints

je bois dans mon verre la vidéo synthétique d'un
alcool
«cette fille avait un beau regard»

mais les gosses s'acharnaient déjà sur mon rétroviseur
et se mirent à rire lorsqu'un d'eux cracha sur la
plaque de la voiture étrangère

mes yeux neutrons voulaient une route blanchie
comme au cinéma avec des rangées d'arbres bleus et
blancs

IV

this evening I'm a traveller, no, I'm drinking a
tequila in the Metropole, rue de l'Industrie, and the
saxes are perforating my temples

I'm waiting for Bonnie I tell myself that a squadron of
oil tankers are slipping over the seas with all lights out

I'm drinking, the synthetic video of an alcohol
in my glass
"that girl had a beautiful look"

but the brats were already frantic on my
rear-view mirror and began to laugh when one of them
spat on the license plate of the foreign car

my neutron eyes wanted a whitened road
as in the cinema, with rows of blue and white
trees

PATRICE DELBOURG

Poems

Translated by Glenda George

signaux optiques lumineux   une frégate est suspendue
en l'air   aucune limite n'est fixée sur le promenoir
un coup de pistolet qui ne fait pas de bruit   emporté par
le reflux des galets   son corps a basculé   s'est voûté s'est
cassé sur les arcs-boutant de la jetée   deux ou trois dragueurs
ont allumé la lanterne de proue   la robe dansait dans l'eau
limoneuse   toutes les sept secondes la ronde du phare
découvrait les jambes qui formaient un angle impossible
parfois les algues léchaient ses yeux de stupeur
au matin en sortant du casino   les pêcheurs de crevettes
qui revenaient du large   mouillés   chargés de filets
les pieds nus   dans ces parages le courant des vagues couvre
les rochers d'une abondante floraison animale
un profil s'abat   la cicatrice vit   les girouettes
dans le vent poussent des cris   les cirés s'entassent sur le
chemin de halage   le moto-cross d'étretat vous attend à
quinze heures   les toits ont l'ardoise glissante
les persiennes entrouvertes et par endroits   cette marque
connue des visages que l'on ne voit qu'une fois en passant

cette facilité à faire le vide en soi   pas dans
la voix la plus légère indication d'une quelconque
opinion   une pathologie aquatique   la tendance molle
des rues   la collision vaporeuse   l'éclat de soleil
reflété dans les souliers   observé jusqu'à la fascination
le vide de la maison   tant de chambres sans personne
les fruits pas mûrs mangés dans le jardin   jeux au lavoir
avec des navires improbables   le vide des planches tôles
cartons   des fois des sortes de carrefours avec des
magasins des lumières des statues   un grand édifice
de temps en temps une auto venue de loin en faisait le tour
le vide   la femme de l'affiche couchée sur le sable
des tas de rails qui s'en allaient   se croisaient

luminous visual signals   a frigate suspended
in mid-air   no protected rail on the promenade
a pistol shot silenced   swept away by
the ebb on the pebbles   her body bobbed   arched and
cracked on the pillars of the jetty   two or three dredgers
with prowlamps lit   the dress danced in the muddy water
every seven seconds the flash of the lamps
revealed her legs forming an impossible angle
now and then the seaweed licked her stupified eyes
coming out of the casino in the morning   shellfishermen
returning from the sea   drenched   loaded with nets
feet bare   in these waters the wave currents cover
the rocks with an abundant efflorescence of animal life
a silhouette sinks down   the scar endures   weathercocks
scream out in the wind   oilskins heaped on the
towpath   the motorcross at etretat starts at
three   the rooves have slippery slates
shutters open and here and there   that familiar tally
of faces one only sees once when passing by

that ability to make oneself empty   not the
slightest indication of any opinion in the
voice   an aquatic pathology   the gentle inclination
of the roads   the vaporous collision   a shaft of sunlight
reflected in one's shoes   watched until mesmerised
the emptiness of the house   so many peopleless rooms
unripe fruit eaten in the garden   a game in the wash-house
with improbable ships   a void of steel plates
cartons   occasionally kinds of crossroads with
shops lights statues   a huge building
from time to time a car comes from the distance and circles
the emptiness   the woman on the poster lying on the sand
loads of rails leading off   intersecting

des rangées de wagons vides des grillages des lampes
rouges vertes il fait chaud débâcles inouïes corps
emportés charriés au loin dans l'écume murs balayés
comme fétus le vide

des oiseaux partent en voyage
sur la pointe des pieds
il tente de se rapprocher du ciel
la tête à peine meublée un briquet comme éveil
menue monnaie espérée dès le soir
un amour d'un quart d'heure capable d'arrêter le temps
petits morceaux de goudron récoltés
à l'autre bout de la ville
accrochés à l'arrière de l'autobus
aux carrefours les hommes gouvernent
les angles du boulevard font leurs affaires
aux frises du hasard
peut-être qu'en tombant de la fenêtre
il tuerait un passant
une sonate de gabrieli au-delà du parpaing
un effort de quartz le malaise au chronomètre
en bas
le ballon de foot du fils de la concierge rebondit
inlassablement contre le fronton de ciment
retouches à l'infini la voix rauque des lavabos
les piles de pain azyme les mannequins de cire
enfin toute la banlieue des choses
n'y revenons plus

octave de l'alarme
jamais son corps ne fut en si grand risque
implacablement
en long cortège
les sangsues gagnent le cœur

rows of empty wagons   grilles   red
green   lights   it is warm   wonderful disasters   bodies
carried away carted off into the mist   walls swept
like straw   the emptiness

birds leave on their travels
on tiptoe
he tries to get nearer to the sky
his mind poorly-informed   lighter as warning
small change hoped for since evening
a quarter of an hour love capable of stopping time
little bits of gathered tar
from the other end of town
hanging onto the back of a bus
at the crossroads men control
the angles of the boulevard conduct their business
in the curls of chance
perhaps falling out of the window
he would kill a passerby
a gabrieli sonata beyond the bondstone
a quartz effort   the malaise of the chronometer
down below
the football of the concierge's son bounces
untiringly against the cement frontwall
retouches ad infinitum   the raucous voices from the lavatories
the piles of unleavened bread   the wax mannequins
in all a whole environment of things
let's not go back again

octave of alarm
never had his body been at such risk
implacably
in long procession
the leeches reach the heart

ce don de prendre congé comme ça à la toussaint
à l'improviste au touquet et même ailleurs
d'une main légère
ce rien technicolor dans les yeux génériques
drôle vraiment ce génie de vider les lieux
l'échine raide toujours en visite
une dose de famine dans certaines manières
drôle de bout en bout brave garçon au jeu atroce
des bruits d'assiette le gaz à la narine
ultime jacquerie du nœud
— ce besoin de fillette bon dieu
my dear clémentine par la voix du tuner
le speaker annonce son psychodrame
dinguerie qui fait macule
la pain d'amour disais-tu   canal 5
fenêtre ardente
et la gaieté passa

maintenant la douleur envahit le matin
d'abord la tête puis l'absolu

à l'étuvée le regard se décolore
dans cet espace nain qui sans cesse recule
de l'autre côté du ciel   attente gutturale
sous le pus des astres
aorte d'une nuit lunatique   septentrion sous le ventre
il enchaîne l'informe   égruge sa chair de conque
les entr'actes de sa vie s'éternisent
de chagrin à masturbation   le quotidien tombe en retard
— combien de temps encore   fagots de ses membres
les cœurs périphériques se coulent dans la confidence

this gift of taking a holiday like that on all saint's day
unexpectedly at touquet and even elsewhere
lighthandedly
this technicolour nothing in the generic eyes
truly odd this genius of emptying places
the stiff spine always calling
a dose of famine in certain ways
odd from end to end brave boy in the atrocious game
noise of plates gas in the nostrils
the ultimate jacquerie of the knot
— this little girl need good god
my dear clementine through the tuner
the speaker announces his psychodrama
the chucked which stains
the pain of love you would say   canal 5
burning window
and gaiety passed by

now pain invades the morning
first in the head then the absolute

heated the look cools down
into this space dwarf ceaselessly retreating
from the other side of the sky   a guttural waiting under
the pus of the stars
aorta of a lunatic night   north beneath the belly
it enchains the mis-shapen   pounds the flesh of his ear
the intervals of his life become interminable
from sorrow to masturbation   everyday life falls behind
— how many times more   bundles of his limbs
peripheral hearts slip into the confidence

simple insinuation de la ville intruse
les dates s'éparpillent   sur l'orbite mouvementée
plus loin le marais myope   le lierre va trop vite
sabayon des sentiments   épargne du jouir   désir en sténo
lointaine embrouille des mots en brousse
colère des jambes à pleine cognée
litige de son arbre à foutre
lourde gravelle du sexe
le vent parle en langues étrangères   intime bannissement
l'ardeur des œillets s'abouche au repos de l'hiver
maintenant vieillir   pourrir   rancir   alors mourir
ferait beau voir que le sort permette encore qu'il s'attarde

minutie de l'anisette   la lessive règne
toccata chuintante du percolateur   inceste des ombres
cicatrice du vide sous la caisse-enregistreuse
des flots de talc sur les queues de billard
chez madame estelle les saisons ne font pas de brouillons
un doigt de marasquin   tric-trac sur moleskine
un regard monte et se pose   habitué en bleu de chauffe
cal au coude du buveur de gueuze
vestibule empêtré d'urine   toxines du juke-box astronef
le T-bone sent le pneu chaud   subtile vendetta de la f
images déchues sur l'écran scopitone   les cancans
s'oxydent
mirabelle chartreuse bénédictine   il guérira stupic
tête fendue d'un homme qui soupire   murs gras en
sourdine
l'air gerce   soucoupe de bretzels   une autre durée
— ça va   — comme ça   — pas plus que ça   — c'est
pas ça

a simple insinuation of the intruding town
dates scatter   over an animated orbit
further away the myopic marshland   the ivy goes too quickly
zabaglione of sentiments   economy of enjoyment   desire in shorthand
a distant muddle of words in back of beyond
anger of legs fully beaten
litigation of his fucking tree
heavy gravel of the sex
the wind speaks in strange tongues   intimate banishment
the fervour of pinks come together in the peace of winter
now growing old   being able to   growing rancid   then dying
would rather see that fortune still allows him to loiter

minuteness of anisette   the laundry rules
hissing toccata of the percolator   incest of shadows
scar of the void beneath the cash-desk
floods of chalk on billiard cues
at madame estelle's the seasons make no sketches
a finger of maraschino   rattle on moleskin
a look moves up and rests   familiar in warm blue
elbow callus of the drunk on hookers
vestibule hampered with urine   toxins of the spacecraft jukebox
the T-bone smells of warm tires   subtle vendetta of the end
fallen images on the scope screen   gossip rusts
mirabelle chartreuse benedictine   he will recover bemused
split head of a sighing man   walls secretly greasy
the air chaps   saucer of pretzels   another duration
— okay   — so so   — just that   — not so

toute cette vie accroupie   dans une attente de rixe
rombière hésitante sur la main courante
sous sa tignasse de raphia macère ses glaires
pour une ultime épitaphe
dandy frileux au profil maculé par la gomme arabique
oublie sa dernière blennoragie en accordant ses doigts
pour la sève de demain   soirée sans désinence
à la mort subite   juste au terrier des larves
peu avant l'embolie   téléphone hors d'usage
23h42
deux ou trois secondes
chipées à l'éternité

all such life squatting   in expectation of a brawl
trollop hesitating on the rough book
beneath her raffia mop macerates her phlegm
for an ultimate epitaph
chilly dandy with profile spotted by gum arabic
forgets his latest gonorrhoea reconciling his fingers
for the sap of tomorrow   soiree without termination
in sudden death   right to the burrow of larvae
a little before embolism   telephone out of use
11.42 p.m.
two or three seconds
pinched from eternity

OLIVIER KAEPPELIN

Heyssessini

Translated by Pierre Joris

Heyssessini

Les rues
l'avenue longue est vidée
Rouge, la chambre
est close

Qu'ils viennent

Au fond de la cour au bout,
une haie de lumière
l'horloge
Arrêtée, divisée par le sombre

Le noir du canal est
coupé
Il est là   il dort
l'enfant à la tête penchée
Renversé

L'odeur pourrie c'est l'eau morte
L'étendue de sable
abandonnée,
La lente montée de la rampe
vers
cette silhouette sur son ombre
pliée
courbée vers le nid
du trou

Heyssessini

The streets
the long avenue's emptied
Red, the room
is locked

Let them come

At the very end of the courtyard,
a hedge of light
the clock
Stopped, divided by the dark

The canal's blackness is
cut
He is there   he sleeps
the child leaning its head
Bent backwards

The putrid smell it is the stagnant water
The stretch of sand
abandoned
The slow rise of the ramp
towards
that silhouette bent over its
shadow
curved towards the nest
of the hole

Le lointain vert la chair retournée
Avide, montrée
boucherie

qu'ils viennent

en la chambre fermée
A la nuit attend.
une femme.
sur le boulevard vague.

Dors, avec les anges
dans le noir du noir
au sein des plis,
des rochers, des chemins
au creux des corps baignés
de théories de sang.
Doux le rouge violacé mêlé
au blanc soyeux
dors
près des nouveaux nés à la peau déchirée
aux têtes
rondes et rondes
qui reposent en la chambre
Dors
oublie
la langue
qui blesse la langue
l'avive, la mutile
Plaie qui te fait seul.
Enterre et noie
ou
qu'ils viennent

The green distance the flesh turned inside-out
Avid, described
butchery

let them come

in the locked room
At night waits.
a woman.
on the vague boulevard.

Sleep, with the angels
in the black of blackness
in the bosom of the folds,
the rocks, the paths
in the hollow of the bodies wet
with orders of blood.
Soft the purplish red mixed
with the silky white
sleep
next to newborns with torn skin
with round
round heads
who rest inside the room
Sleep
forget
the tongue
that wounds the tongue
revives it, mutilates it
Wound that leaves you alone.
Bury and drown
        or
let them come

Les ponts vers l'hôtel
la mer entoure
routes-lignes-ruelles
La pluie est sur le port
la pluie sereine   un air de cirque
par la rivière avance
Il gagne
l'herbe   les feuilles des arbres

Arche sur Arche les quais
les hautes maisons
vides et *la pierre*
jusqu'à la chambre
sourde
dévorée par les mots
Divisée: *deux tombeaux*
recouverts,
de cicatrices sombres

Il s'y tient
Veuf une chanson d'opérette
Il compte
les chiffres rouges
du cadran du navire
Il ânonne
Il martèle, les sons.
Il est indispensable
que quelqu'un ne soit pas mort

avant.

The bridges towards the hotel
the sea surrounds
routes-lines-alleys
The rain is on the harbour
the calm rain a circus air
up the river advances
It reaches
the grass the tree leaves

Arch upon Arch piers
high houses
empty and *the stone*
all the way to the deaf
room
devoured by the words
Divided: *two tombs*
covered,
with dark scars

He stands there
Widowed an operetta song
He counts
the red numbers
on the ship's dial
He hums and haws
He hammers, the sounds.
Indispensable
that someone be not dead

before.

Il murmure

Dans la pièce il est muet
il bégaie langue écarlate

Donne lui ta force
celle
des criaillements, des souffles,
des tremblements
des corps en cette cour nocturne.
Colline claire, colline sombre
couloir sur couloir
la chambre s'est enfouie
Les phrases encerclent et meurent

Maintenant.
qu'ils viennent
avec leurs âmes, contact froid
leur acier fin

qu'ils le prennent
qu'ils le sauvent
qu'ils le dévêtissent.

He murmurs

In the room he is dumb
he stammers scarlet tongue

Give him your strength
strength of
whining, breath,
trembling
the bodies in this nocturnal courtyard.
Clear hill, dark hill
hallway upon hallway
the room has taken flight
The sentences surround and die

        Now.
let them come
with their souls, cold touch
their fine steel

let them take him
let them save him
let them undress him.

La ligne...

Il prend au hasard
les clichés
les signes d'une histoire
Une voix parle
précise
décrit
brosse un portrait
cherche
les odeurs les couleurs
mais rien
rien ne vient
Pour ces mots aucune matière
Sur les photos: un enfant muet.
Vide
Sa forme
émerge d'une zone raturée
Noire de quelque chose
qui l'a recouvert
Les lignes d'un cahier où un autre...
L'obstination d'une tache
sur une morphologie
Le sombre qu'il déverse
finit
par annuler les traits

Dans le square, en bas,
l'obscurité entoure
un socle
sans statue

The Line...

At random he takes
the snapshots
the signs of a story
A voice speaks
precise
describes
sketches a portrait
searches for
smells colours
but nothing
nothing comes
For these words no matter
On the photos: a dumb child.
Empty
Its form
something's blackness
emerges from a crossed out area
that has covered it
The lines of some notebook where another...
A spot's stubbornness
on a morphology
The dark he pours
ends up
washing out the features

In the square below
darkness surrounds
a plinth
without statue

Autour de lui les objets familiers
Sur la table les images
dressent
la carte d'une terre inconnue
Les mains composent assemblent cherchent
un angle qui
dans la lumière
tient sa proie sous une ombre portée

La rivière de ce soir
est lisse et calme
Nuit jour
le courant emporte la lune
Une chambre
où le regard fuit toute figure

Around him the familiar objects
On the table the images
draw
the map of an unknown land
The hands compose assemble search
an angle which
in the light
holds its prey under a cast shadow

This evening's river
is smooth and calm
Night day
the current sweeps the moon away
A room
where the eye evades each and every figure

LESLIE KAPLAN

Reign

Translated by Pierre Joris

Règne

La nature est là, dehors. On se promène.

Dans les couloirs, à l'intérieur, des odeurs circulent.
Elles se dispersent, reviennent. On ne peut pas les toucher,
ni les voir.

Ces grandes fenêtres. Derrière, les massifs verts,
les blocs de bois. Le soleil, et l'air blanc, saisi.
On regarde.
C'est tranché et confus, pur, en un sens.

L'endroit est artificiel, construit. On ne l'aime pas.
On y arrive par le train, pour voir.

Des arbres, un étang. Les gens y jettent souvent
des choses. Un homme y a jeté une machine,
un appareil compliqué avec des fils.

Il y a plusieurs petits bâtiments dispersés.
Téléphones intérieurs, liaisons.

On parle beaucoup, presque tout le
monde le fait. On trouve les mots tranquilles.

Reign

Nature is there, outside. You take a walk.

Along the hallways, indoors, smells drift.
They disperse, come back. You cannot touch them,
nor see them.

These large windows. Behind, green stands,
wooden blocks. The sun, and the white air, caught.
You look on.
It is clear cut and confused, pure, in a way.

The place is artificial, built. You don't like it.
You get there by train, to see.

Trees, a pond. People often throw things
into it. A man threw an engine,
a complicated machine with wires.

There are several buildings small and dispersed.
Interior telephones, connections.

You talk a lot, nearly everybody
does. You find quiet words.

Des fêtes, avec feux d'artifices. Mélange de population.

On mange énormément. Soupe, viande, dessert.
Le vin est bon. Certains ne mangent rien du tout.

Pour dormir il y a les chambres.
On voit les arbres, de partout on les voit.

On arrive par le train. Après il y a un peu de voiture.
On est conduit.

Choses de détail, petites choses très importantes.
On y pense.

Le fait d'arriver par le train crée déjà sans
doute un détachement, une excitation. Rien n'est
possible dans l'euphorie.

Il y a des relations amoureuses passionnées, souvent
entre personnes proches. On se soigne, on a de beaux
cheveux. Les dents, et la peau, sont belles.

On dort avec qui on veut. On rêve avec les arbres,
parfois le vent. Il y a aussi le ciel, cette pellicule,
et son mouvement, son petit bruit.

Festivities, with fireworks. Population mix.

You eat tremendously. Soup, meat, dessert.
The wine is good. Some don't eat a thing.

There are rooms to sleep in.
You see the trees, you see them from everywhere.

You get there by train. Then there is a short car ride.
You need to drive.

The detail of things, small things of great importance.
You think about them.

The fact of getting there by train no doubt already
creates a kind of detachment, an elation. Nothing is
possible in euphoria.

There are passionate love affairs, often
between people who are close to one another.
You take care of yourself,
your hair is beautiful. Your teeth and skin are too.

You sleep with whom you want. You dream with the trees,
sometimes with the wind. There is also the sky, that thin film,
and its movement, its little noise.

Certaines fenêtres sont blanches, d'autres bleues. Toutes les vitres sont bien nettes.

Autour, la campagne striée. Des gens passent dedans en vélo, avec des sacs. On les voit, de loin.

On fait ces choses extraordinaires, des bals valsés, on construit des murs nouveaux. C'est vrai. La musique, aussi, est là, prenante, tournante.

On sait venir, on le sait, on le sait.

Les bureaux sont découpés. Rigueur. Il y a des fauteuils profonds contre les murs, et au-dessus, des photos.

Le téléphone, c'est toute une affaire. Le standard est isolé, dans une petite maison poreuse.

Les animaux, les maîtriser. Un homme circule à cheval, très beau, avec une boucle d'oreille et sa petite fille sur les genoux.

Quand il fait chaud, on suspend les hamacs aux arbres. Dans les branches il y a souvent des chats. Ailleurs les piqûres, les mouches.

Certain windows are white, others blue.
The panes are all very clean.

All around, the countryside in streaks. People pass through it, on bicycle, carrying bags. You see them, from afar.

You do these extraordinary things, you dance,
you build new walls. It is true. The
music too is there, it takes you, turns you.

You know how to come, you do know, you do know.

The desks are correctly spaced. Strictness. There are
deep armchairs against the walls and, above,
photographs.

The phone, that is a whole story. The
switchboard is isolated, in a small porous
house.

The animals, how to master them. A man goes about on
horseback, very handsome, with an earring,
his small daughter on his knees.

When it is hot, you sling the hammocks
from the trees. On the branches there often are
cats. Elsewhere, the stings, the flies.

Les draps, comment en parler? Ils enveloppent
les lits. On se met dedans, on dort. Mais on
entend toujours les pas dans l'escalier et
les coups, frappés, aux portes.

On se promène calmement. Au-dessus, les plafonds,
avec leurs courbes.

Les toilettes sont souvent bouchées, désagréables.
Autrement, grandes pièces étroites et longues,
avec des tuyaux grimpants, des couleurs vives.

Le matin, ce petit déjeuner immense, très nourrissant,
qui dure, avec des va-et-vient. Au milieu de la
pièce, la grosse machine pour le café, ses boutons
luisants.

Quand on part il y a toujours une réunion. Les
gens sont là, sur leurs chaises, légers. On
prend le temps, on débat librement.

Les mots, bien sûr, sont donnés.

Jeunes vieux mots, disponibles, où on peut se
poser et attendre.

The sheets, how to talk about them? They wrap around
the beds. You slide under them, you sleep. But still
you hear footsteps on the staircase and
the knocks on the door, banging.

Calmly you take a walk. Above, the ceilings,
with their arches.

The toilets are often blocked, disagreeable.
Otherwise, large rooms, long and narrow,
with climbing pipes, in gay colours.

In the morning, a large breakfast, very nourishing,
that continues through the comings and goings.
In the middle of the
room, the big coffee machine, its shiny
buttons.

When you leave there is always a meeting. The
people are there, on their chairs, feeling light. You
take your time, you debate freely.

The words, of course, are handed out.

Young old words, available, on which you may
alight and wait.

DOMINIQUE LABARRIÈRE

Three Poems

Translated by Charles John Crowle

Trois poèmes

I

Quand
— Malheureux qui court
Et court et
Oublie ces gestes dérisoires
De l'agitation stérile,
Ce sont ces mêmes sables
Par toi proclamés
De ce désert, choisis,
Qui te rejettent,

Quand
— Souvenirs
Dans le silence déjà
Retombés — de la pensée
Ce sont ces traces lumineuses
Enfuies
Avant que d'être vues,

Elle éveille,
Piège grossier qui
Attire
Puis enchante, ravit
Mais égare,
Une nostalgie douloureuse,

L'alliance
Rompue
Par la naissance.

Three Poems

I

When
— Unfortunate one who runs
And runs and
Forgets these laughable gestures
Of sterile agitation,
The very same sands
Of this desert, that you chose
And proclaimed
Reject you,

When
— Remembrances
To silence already
Returned — of thought
These luminous traces
Vanish
Before they are seen,

It awakes,
Gross trap which
Appeals
Then enchants, ravishes
But misleads,
A painful nostalgia,

The alliance
Broken
At birth.

Plus pressante que
La nuit,
Ce qu'elle promet,
Elle le joue:
Muet appel au cœur!

Ainsi, dans le bleu
Du ciel,
L'oiseau trace
La ligne
Qui, de l'oubli,
Sépare
Le pur secret.

More urgent than
Night,
What it promises,
It does play:
Mute call to the heart!

So in the blue
Of the sky,
The bird traces
The line
That separates
A pure secret
From oblivion.

II

Fuite!
Fuite!

Ce que c'est que de vivre encore
Et de compter tous les jours!

Rien ne s'effondre
Ni ne chavire,
Rien ne bouge,
Tout est même.

Celui qui hier parlait
(Jouait-il une dernière parodie,
Tant du visage le masque fuyait?)
Ne parle plus.

Fuite!
Fuite!

Dans la triste ronde: matins! soirs!
Mémoire de ce qui fut!
Mémoire de ce qui sera!

Visage qui s'oublie
Dans des nuits

Dans des lits
Si étrangers!
O cette longue recherche du repos
Qui gémit: assez! assez!

II

Escape!
Escape!

Ah, to live still
And to count the days!

Nothing collapses
Or capsizes,
Nothing stirs,
All is same.

He who spoke yesterday
(Was he playing an ultimate parody
So was the mask fleeing his face?)
Now hushes.

Escape!
Escape!

Sad merry-go-round: mornings! evenings!
Memory of what was!
Memory of what is to be!

Face seeking oblivion
In nights

In beds
So strange!
O that longing for rest
That moans: enough! enough!

Fuite, fuite, oui, c'est cela
Pour que jaillisse un mot,
Un seul:
Non!

Un mot qui se noie dans la foule dernière,
Où mort qui bientôt viendra
Ne me verra pas,
Mais verra celui qui de
Ce que je suis
Me sépare
Et qu'elle — elle réunit

D'un mot qui se noie dans la foule dernière.

Escape, escape, yes to the point,
So that a word,
Just one, may come:
No!

A word that drowns in the ultimate crowd,
Where death that soon comes
Will not see me,
But he who
Separates me
From what I am
And that this death brings together

With a word that drowns in the ultimated crowd.

III

Là
Où petite voix
Dans la bouche
Elève
Un mort,

Le premier jour
C'est douleur si proche
Qu'il attire —
Mais le deuxième,
C'est blessure seule
Qu'il retient,
Puis oublie:

Naissance au bord des choses!
Plaies au bord du vide!

Du sang
De son cœur,
C'est à nuit sans joie
Ni tristesse
De gémir et de pleurer:

Ce que j'ai fait
Je l'ignore!
Miroir
Sans mémoire,
Le temps:
Rien ne le séduit
Ni ne l'arrête.

III

There
Where little voice
In the mouth
Utters
A dead one,

On the first day
Such a close suffering
It attracts —
But on the second day,
Wound only
Is what it keeps,
Then forgets:

Birth at the edge of things!
Sores at the edge of void!

From the blood
From his heart,
To a joyless but cheerful
Night
It moans and cries:

What I have done
I don't know!
Mirror
Without memory,
Time:
Nothing seduces it
Or stops it.

Mais l'attente,
La longue attente,
La peau mouillée
Des mains
La respire alentour:

Comme un air de fin de nuit.

But waiting,
Long waiting,
Wet skin
Of the hands
Breathes it around:

Like an air at the end of night.

YVES MARTIN

Poems

Translated by Pierre Joris

Poèmes

I

Longtemps que la beauté
Comme le Golden Gate
Qui au matin tremble, vibrions,
De la perdrix au foc des géraniums.

Comment ne pas la suivre,
Verte, blonde, fougères,
L'appel du bûcheron
Sur le ballast du soleil.

Comment ne pas avoir honte
De moi, bouton décrié, criblé,
Veste intempestive,
Chaussures fuyantes,
Pour les autres détails,
Adressez-vous à la caissière du Félix Potin.

Comment ne pas trouver odieux
Mon côté «bon vivant»,
Bœuf carottes, beaujolais
Comme un rang de perles
Sur le tapis de jeux
Du célèbre bateau mouche fantôme?

Poems

I

For a long time now beauty
Like the Golden Gate
Which in the morning trembles, quivers,
From the partridge to the geranium's jib.

How not to follow her,
Green, blond, ferns,
The woodcutter's call
On the sun's ballast.

How not to be ashamed
Of myself, decried button, riddled,
Unseasonable jacket,
Shifty shoes,
For further details
Contact the five-to-nine cashier.

How not to find my
Jovial side odious,
Beef and carrots, beaujolais
Like a string of pearls
On the gambling baize
Of the famous phantom fly boat?

Comment avoir été si peu
Fidèle «au marcheur»,
Je vis l'œil collé au périscope
D'un sous-marin que vous n'êtes pas
Prêts de découvrir?

Comment avoir été plus de 20 ans
Un homme de bureau,
Il est vrai un peu puce, un peu fripier,
Un peu farce. Fausses nouvelles.
Mauvais renseignements?

Comment ne pas me précipiter
A sa suite dans le métro,
Normal qu'elle s'étonne,
Un arc-en-ciel de 120 kilos,
Tous les serpentins du diable?

Comment ne pas aménager les rames,
Tentures, meubles acrobatiques
Où l'on pose la potiche, la plante verte,
Les imposantes moustaches de l'adultère?

Des gouvernantes aux chapeaux de paille
Lui offrent le porto
Sur des prie-dieux
Que recouvre la cape de Fantômas.

How to have had so little
Faith in ''the walker'',
I live my eye glued to the periscope
Of a submarine you are not
About to discover?

How to have been for more than twenty years
An office man,
A bit of a ragman, a bit of a second-hand dealer,
A bit of a joker — it is true. False news.
Wrong information?

How not to run after
Her into the subway,
Of course she is startled,
A rainbow weighing 120 kilos,
All the devil's streamers?

How not to fit out the tenter,
Draperies, acrobatic furniture
On which one sets the vase, the green plant,
The stately whiskers of adultery?

Nannies with straw hats
Offer him port wine
On prayer stools
Covered with Fantomas' cape.

Là le perroquet.
La mort peut être multicolore.
Là le sabre. Mutant.
A l'aide d'un pendule,
La petite fille irradie un cobra.

Comment ne pas avoir peur
De ces jambes fières croisées
Comme la lampe tempête
Du plus briscard des bateaux corsaires?

Tout cela se termine
Comme dans un film muet de Laurel
Par un formidable tremblement de terre,
Le fou sarcasme, l'effroi,
Un monde perdu, un monde nouveau
Mince, attendrissant comme un bouquet de coucou.

The parrot over there.
Death may be multicoloured.
The sabre over there. A mutant.
With the help of a pendulum
The little girl irradiates a cobra.

How not to be afraid
Of these proud legs crossed
Like the storm lantern
Of the most adventurous of pirate ships?

It all ends
Like in a silent movie by Laurel
With a tremendous earthquake,
Mad sarcasm, terror,
A lost world, a new world,
Thin, as touching as a bunch of daffodils.

II

Ce n'est pas le dernier vendredi.
Une répétition. Vous voyez.
Quand le metteur en scène s'en prend
A ses acteurs. Basta.

Lumière pas commode,
L'accessoiriste court la bobine de fil,
Le pendu se trompe d'appentis,
Grincements qui n'ont plus rien
De ceux légers de la mousse
Sur un baron de bière.

Il se demande ce qu'il enlèvera d'abord,
Le Corbeau. D'Odilon Redon
Qui stupéfie dans les airs
La balle du jongleur.
— impeccable innocence —

Détourne les petites filles
Vers le labyrinthe
D'où elles reviennent
Précédées de corneilles
Aussi vives que des passes de hockey.

II

It is not the last Friday.
A repetition. You see.
When the director has a go
At his actors. Enough.

Inconvenient light,
The prop-man chases after a spool of thread,
The hanged man goes to the wrong shed,
Creaks that no longer resemble
Those of the light foam
On a baron of beer.

He asks himself what he'll take with him
Odilon Redon's *Raven*
Which in mid-air stupifies
The juggler's ball.
— impeccable innocence —

Diverts the little girls
Towards the labyrinth
They come back from
Preceded by crows
As lively as hockey passes.

Les oiseaux savamment décorés,
Dessins de son ami, collègue,
A cet instant, il écoute sa voix voler
Comme un atoll au-dessus des dactylographes.

«1895» un poème de Paul Morand
Découpé dans le *Figaro*,
Les boucles d'oreilles de la mort
Perdues dans un fiacre
Qui fume de petit bois
Et de pain noir.

Sur un carton,
Ça craque mais ça tient.
Il se relève, indemne, au fond d'un canyon,
Abasourdi comme sur un tabouret de bar
Devant un verre à demi renversé.

Une épingle. Un papier blanc.
Un numéro de téléphone.
Les ingénieurs du son enlèvent
Avec rage des brindilles de leurs cheveux,
Rat?

Un abbé (Hara Kiri),
Glad sac garde frais
Votre pain quotidien.
Les lits anthropophages
De la morgue.

The birds learnedly decorated,
Drawings by his friend, collegue,
Right then he listened to his voice fly
Like a coral-reef above the typists.

"1895", a poem by Paul Morand
Cut out from the *Figaro*,
The earrings of death
Lost in a hackney carriage
Smoking from small wood
And black bread.

A piece of cardboard,
"It might crack but it will hold."
He gets up, unhurt, at the bottom of a canyon,
Stunned as if on a bar stool
Facing a half-spilled drink.

A pin. A sheet of white paper.
A telephone number.
The sound engineers furiously
Pluck twigs from their hair
— A rat?

An abbot (Hara Kiri)
Glad bags keep
Your daily bread fresh.
The anthropophagous beds
Of the morgue.

III

Des notes, cadastre, hypothèque,
La liste des notaires parisiens,
Le facteur entre par la porte de service,
On n'invite pas ses gardiens
Au mariage de la fille aînée.

Sur un meuble de fer
D'anciens numéros des *Lettres Françaises*,
Le suicide de Jean-Philippe Salabreuil,
Calme, vaporisé,
Du travail de finette.

Son bureau, sa chaise
D'un vert loufiat,
Trou dans la moquette,
Il entend la forge, le luthier,
L'autre capitale automatique,
Acacias quadrillés, drôle d'école,
Hôtel modeste, mais beaucoup plus psychanalytique,
La chambre 33, la buée des livres,
(On ne voit de la muse que le fichu, la barrette,
La ligne de mire du cou), son bouton d'or
Devenue secrétaire donner du nez sous les rires
A son chef de service.

III

Notes, register, mortgage,
The list of Paris notaries,
The mailman comes in through the backdoor,
One doesn't invite one's guardians
To the oldest daughter's wedding.

On a piece of iron furniture
Old issues of *Lettres Françaises*,
Jean-Philippe Salabreuil's suicide,
Calm, vaporized,
Finespun work.

His desk, his chair
Flunky-green,
Hole in the carpet,
He hears the forge, the violin-maker,
The other mechanical capital,
Square-ruled acacias, weird school,
Modest hotel, but much more psychoanalytical,
Room 33, the vapour of the books,
(One sees only the muse's scarf, her hairslide,
Her neck's focal line), his Golden Button
Turned secretary cocks a snoot among laughter
At her supervisor.

JEAN-YVES REUZEAU

Poems

Translated by Sylvia Paskin,
Christine Thoret and Jay Ramsay

Je t'aime, je te tue

Maintenant il faut croire à ce calme
À cette braderie amère de vacarme.
Le chant écumant de l'intérieure panique.
Oripeaux de lumière.
Bandeaux humides sur les yeux
Et cette tropicale torpeur.
Mouvement heurté des phrases.
Mots cleptomanes gommant leur propre secret
— leur souffle de mort au bord des lèvres —
Mots de fièvre en l'aura des murmures.
Lilas. Mascara. Couleur d'apparât.
Elle s'avance.
JE T'AIME, JE TE TUE.
Et le flux des sens. La pulsion.
Soie. Satin. Le doux meurtre gris-bleu.
Silhouette macérant les épaves de rêves
Où se relève le mystère des corps.
Un cri. Dans la fourrure moirée de la nuit.
JE T'AIME, JE TE TUE.
Elle ressemble. Blessure mentale.
Ce rire atroce qui jappe dans l'ombre.
Structures étranges du jeu.
La nuit. Ses aiguilles triturant le souvenir.
Chacun retient sa part. Défend son intime El Dorado.
Chiens écumants. Chiennes humides.
Les dents fichées dans la chair.
La plaie béante du désir.
JE T'AIME, JE TE TUE.
De cette mosaïque couleur viande
Les ogres nains bâtissent des empires d'illusions

Je t'aime, je te tue

Now we must believe in this calm
In that crowded, sour edged cut-price market place.
The rising chant of interior panic.
Rags of torn light.
Damp bandages on the eyes,
And this dazed haze.
The jerky movement of sentences.
Kleptomaniac words stuck to their secrecy
— Their breath like death on the edge of these lips —
Words, fevered in an aura of murmurings.
Lilac. And black mascara. The colour of her ceremony.
She comes forward.
JE T'AIME, JE TE TUE.
And the senses flooding. The urge.
Silken satin. Grey-blue soft and murderous.
Silhouette soaking up dream wreckage
Where the whole flesh mystery lives to be revealed.
A scream. In the fur the night shades.
JE T'AIME, JE TE TUE.
She looks like it. Wounded mentally.
This terrible laugh yapping in the shadows.
The strange structures of the game.
The night its needling, grinding memories.
Clinging each to their act.
Defending their intimate El Dorado.
Rabid dogs. Humid bitches.
Teeth in the flesh.
Bleeding desire.
JE T'AIME, JE TE TUE.
And from this carnivorous mosaic
Mighty dwarfs construct imperial illusions

Sur les hauteurs vacillantes desquelles
Ils élèvent murailles. Cités. Forteresses.
Des empires où ils terrent leurs effrois d'amour.
Qui peut ravir l'instant éternel de la première étreinte?
Du premier baiser? Et pourtant.
Ils dissimulent ce trésor fugace.
L'amour est un mythe qui dure une poignée de secondes.
Conquêtes. Débâcles. Seules l'hésitation et l'attente règnent
Et ces secondes bouffies de vaine exaltation
Se révèlent en un trouble aveu.
Une plainte ultime dédiée aux reines écarlates.
JE T'AIME, JE TE TUE.
Que désirer du désir?

Up on the heady unsteady heights
Erecting the walls. Cities. Strongholds.
Empires in which they hide their terror of love.
Now, who can delight in the eternal moment
Of the first embrace?
That first kiss-fusing? And yet.
They disguise its fleeting gold.
Love is a myth which lasts a fistful of seconds.
Conquests. Debacles.
Dominated by hesitation and waiting.
And seconds swollen with vain exultation
Falling apart in confused confessions.
A last plea dedicated to the scarlet queens.
JE T'AIME, JE TE TUE.
What to desire from desire?

Mourir un peu

Une fontaine de sarcasmes
Dédiée à George Ballantine & Sons Ltd.
Il aimerait tant croire au jeu.
Aux règles. Au bon ordre des choses.
L'esprit de la nuit et ce soleil killer.
Cette amnésie salvatrice. Rongeante.
Ce délire imperceptible. Ils ne se doutent de rien.
Tout continue. Pourrait continuer. Un banco effroyable.
J'aimerais tant vous convaincre de l'inutile.

Dying a Little

A fountain of sarcasms
For George Ballantine & Sons Ltd.
Because he loves so much believing in the game.
In the rules. In the right order of things.
Spirit of the night, and this killer sun.
This healing amnesia. As it eats inward.
This imperceptible madness. It never crosses their minds.
And so everything continues. May continue. Until the
 bank breaks.
I would love so much to convince you of what is useless.

Tactique du fragment

Il pourrait marcher. De cette foulée si particulière.
Soudoyer la nuit. Attaquer la ville aux jointures.
Une stratégie pour protéger ce désordre du regard.
Une méthode de survie. Une sorte de mélancolie sans cause.
Néons scintillants jusque dans les caniveaux. Errant désinvolt
Une haine arbitraire où traquer le corps de l'ennui.
Cette dérive perforée d'allégories. Un tissu d'habitudes.
Livre urbain où chaque rue est une page où déambuler.
La nuit. Encre noire sacralisant le modus vivendi.
Il traque ce mystère. La mémoire surinée à vif.
Des séquences automates où se cabre l'enfance.
Courir alors jusqu'à l'essoufflement. Tituber.
Se heurter aux murs. Se perdre dans le morne dédale.
Insecte traqué de lumières. De souvenirs fluorescents.
La ville l'aide à canaliser cette frayeur.
Ces phrases non dites qui tournent dans sa tête.
Pour le saouler. L'étourdir. Une spirale dépressive
Où le corps s'étiole dans ces échos sans chronologie.
Il mesure l'espace de sa folie si banale. Si consciente.
On pourrait le réveiller. Oser même un geste tendre.
Le persuader d'un cauchemar sans importance.
Un film flou. Insoutenable. Aux images sautillantes.
24 images/seconde et le grand blanc.
Ce scénario constitué de souvenirs ambigus. Mais incrustés.
Souverains. L'érosion intime des sensations.
L'amnésie plaie béante.

Tactical Fragments

He could walk. In his own particular way.
Cornering the night. Tackling the town at its joints.
Tactically protecting his disordered vision.
A method of surviving. A kind of sadness which has no
explanation.
Neon, dazzling, even in the gutters. Moving, detached.
Tracing the corpse of boredom with an off-hand disgust.
A texture pinpricked with allegories. A fabric of habits.
A book of the city where each street is a page, strolling.
The night. Sanctifying the modus vivendi in its black ink.
He's tracking the mystery down. Living a memory cut to the
quick.
Automated sequences of rebellious childhood.
To run, then, till he is out of breath. And stagger.
Crashing himself against walls. Losing himself in the grey
maze.
An insect trapped in lights. Memories flickering whitely.
The town is his accomplice in directing this fear.
These sentences not said turning inside his head.
Making him drunk dizzy. Down a sinking spiral.
Where the body pales within these non-linear echoes.
He is measuring the extent of his own banal insanity.
And so consciously. You could rouse him.
You could offer him a tender gesture.
Persuade him this nightmare has no meaning.
The film is blurred. Unbearable. The frames skip.
24 images per second — and the great white blank.
This scenario made up of uncertain memories. But embedded.
Supremely. This intimate breaking about feeling.
Amnesia — an open wound.

La force de l'habitude

Cause I'd rather feel bad
than feel nothing at all.
Warren Zevon

Une terreur relative. Ce décalage imperceptible.
Au jour le jour.
Folie apprivoisée par accoutumance.
Lente anesthésie sociale.
Un rapport aux choses et aux gens comme dérivé.
Hypnotique.
Il ignore les rouages de ce secret.
Son regard serti de silences.
Impossible de dire le moment où cela commence. Un jour.
C'est arrivé comme ça. Une mort lente. Domestiquée.
Dévoyée.
Qui s'immisce dans le tombeau hagard des horaires.
La grande mécanique gestuelle. Voix-off confondues.
Mosaïque incontrôlée des sentiments en débâcle.
Simulacres.
Il s'intègre volontiers à ce cycle d'indifférence sanctifiée.
Une mécanique de torpeur où il tente juste de tricher.
Se résigne. Collecte les masques adéquats. Des rictus.
Attitudes réconfortantes et ternes. Phrases automates.
Se découvre habile à ce jeu de dupes.
Un don d'anticipation.
Votre réalité n'est pas la mienne. Arrachez le fil vital.
Zone de maintenance. Echiquier psychotique où il erre.

Force of Habit

Cause I'd rather feel bad
than feel nothing at all.
Warren Zevon

A fear that is relative. Shifting invisibly. From day to day.
Madness, domesticated; by force of habit.
Anesthetizes, slowly, by sociality.
Hypnotized by second-hand people and things.
He ignores its secret workings.
And sets his eyes in silences.
Impossible to describe the moment when all of this began.
One day.
It just happened like it did. Slow, death. Tamed.
And twisted.
Distraught, immersed in a graveyard of schedules
and timetables.
Grand robotic gestures. Among confused voice-overs.
An uncontrollable kaleidoscope of flailing feelings.
And poses.
Willingly, as he integrates himself
in this rhythm of untouchable indifference.
And its lazy mechanics he is always tempted to cheat at.
Resigning himself. Collecting usable masks. Rictus smiles.
Automatic sentences. Dull, comfortable attitudes.
He finds himself adept at this duping game.
Gifted, with anticipation.
Your reality is not the same as mine.
Break the vital connection.
Maintaining, holding his place.
Chessboard he roams psychotically.

Une nonchalance apparente en décalque de douleur.
Ces lieux serrures. Enclaves de non-sens où tuer le temps.
Que faire de ce meurtre illusoire où s'agglutine l'absurde?
Alors qu'il s'habitue à ce spectacle de violence. Exclu.
Voyeur.

Jaguar nocturne. Félin résigné dans son exil amer.
Restes. Oripeaux. Tout un festin aveugle. Fractures.
Hanté par son propre sang qui lui assaille les tempes.
De ce démantèlement incessant il semble attendre un
déclic.

Un événement. Une fatalité. L'exotisme maladif de
l'ennui.

Et le ricochet diaphane de chaque aube resserre l'étau.
Inlassablement. Torture cultivée avec dérision.
Inlassablement.

Mécanique triturée à vif. Aucune parure.
Faciès de circonstance.

Tracing this suffering — apparently uncaring.
These locked-in places. Meaningless spaces he kills time in.
But what can you do with this lethal illusion,
stuck in its own absurdity?
So, he immunes himself to its violent exhibitionism.
Voyeur.
Night prowler. Catlike, resigned to its bitterly
drawn-out exile.
And the remnants. Rags. Such a blind feast. Shatterings.
Haunted by his own blood as it beats in his temples.
And out of this incessant exposure, he seems to be waiting
for it to click.
Eventfully. Fatally. Sick, exotic boredom.
The diaphanous ricochet of each dawn tightens the screws.
Tirelessly. Cultivated with derision. This pain. Endlessly.
The machine racked to its core. Coverless.
Fashioned, moulded by circumstance.

JAMES SACRÉ

Portrait of the Peasant Through the Trees

Translated by David Ball

Portrait du paysan à travers les arbres

Grand chêne au coin d'un pré patience
au bord du pays au fond
de l'histoire il donne son gui
son pantalon son visage on voit rien que
le silence la tendresse d'un arbre.

Portrait of the Peasant Through the Trees

Big oak in the corner of a field patience
at the edge of the country way down
in history gives mistletoe
his pants his face all you can see is
silence the tenderness of a tree.

Portrait du pays à travers les arbres

De temps en temps un cerisier
les cerises noires du bas de l'Aubraille
(portrait d'famille dedans ses branches)
les cerises blanches de la Morinière, les grosses roses
à La Vallée
pays qu'on mange dedans paysans
qui sont comme des anges leur linge
pas forcément tout frais le cœur leurs pieds
dans un même panier, t'en veux?
(portrait de rien à travers les branches).

Portrait of the country through the trees

From time to time a cherrytree
black cherries from lower Aubraille
(family portrait inside its branches)
white cherries of La Morinière, big pink ones
in La Vallée
a country you eat in, peasants
who are like angels their underwear
probably not of the freshest their hearts their feet
in the same basket, want some?
(portrait of nothing through the branches).

Tilleul au bord de la maison, sourire
la barbe en fleur pas trop
poil qui boucle chemise pas mal grande
ça sent bon, viens
on va pas seulement dormir.

Portrait du père à travers les arbres

Un chêne tout rabougri tout
comme presque un buisson misère
à peine qu'on peut chier dessous
l'herbe mal douce
le temps ramasse encore des gestes d'autrefois.

Linden at the edge of the house, smile
beard blooming a little
curling hairs shirt that's too big
smells good, c'mere
we're not just going to sleep.

Portrait of the father through the trees

An oak all scrawny all
like a bush almost chrissake
hardly enough to shit under
the grass not soft
time still picking gestures of long ago.

Paysan comme un arbre tranquille
avec de la fleur, tilleul
à côté la maison silence le bleu fin du ciel
paysan qui sent bon le foin les poils
quelquefois on restait longtemps les yeux
        mon père et la nuit.

Paysan comme un arbre en colère
mouvements grands, tant de cris pourquoi?
on sait mal peu à peu le temps l'apaise
demain la campagne est belle avec les foins coupés
les outils qu'on entretient
ça donne du tonus au paysage l'éloignement de ces cris
dans le profond bleu calme.

A peasant like a calm tree
with flowers, linden
near it, the house, silence the delicate blue of the sky
a peasant with a nice smell of hay, hairs
we'd stay for a long while sometimes our eyes
  my father and the night.

A peasant like an angry tree
big gestures, so much yelling, why?
you don't know little by little time calms him down
tomorrow the countryside is lovely with its cut hay
the tools being cleaned and sharpened
it perks up the landscape the yelling far off
in the deep calm blue.

Orme ou tilleul paysan qui s'en fout
qui les aime bien pourtant
portrait comment dedans c'est pas
des sourires ni des colères
leur couleur en automne
rien comme un cœur, et quel geste fou?
(portrait qu'on se demande
qui l'a pu mettre dans les arbres, c'est pas
un endroit!
le vent la pluie, tout s'en va).

Elm or linden the peasant not giving a damn
he likes 'em though
portrait like what inside it's not
smiles not getting mad
their colour in the fall
nothing like a heart, and what crazy gesture
(portrait you wonder
who could've put it in the trees, that's no
place for it!
wind rain, it's all going away).

A travers des arbres qui sont des érables le beau temps
va les fleurir en rouge
quelqu'un a promené longtemps l'histoire
d'un amour qui s'en va minuscule avec
de grands gestes comme une fureur et la mélancolie
la voilà partout
le paysage éteint son bleu dans l'herbe dure.
Est-ce que l'amour brille pas quand même? un village ancien
(tuile et des pruniers) s'emmèle à la couleur ensoleillée
des maisons
poème comme une colère avec la joue tendre ça fait
qu'on marche on sait pas où par exemple un pied
dans la Nouvelle-Angleterre l'autre au Poitou.

*

A des moments c'est comme si plus rien à écrire
et quand même une sorte d'obstination qu'on a
pour arranger ensemble des mesures de mots parolés
prévient que c'est pas fini malgré
que pourtant ça vaudrait peut être mieux
d'en rester là, mal content sans doute mais
qu'est-ce qu'on pourra faire d'autre?
le rythme les mots familiers repris
ça fait que porter la même question un peu plus loin,
ou alors, dans cet à peine déplacement de poème,
quoi d'autre qui importe?

*

Poems

Through trees maples the fine weather
        will flower them red
someone walked around for a long time with the story
of a shrinking love going away with
wild gestures like a fit of rage and sadness it's everywhere
the landscape dulls its blue in the tough grass
Isn't that love shining anyway? an old village
(slate and plumtrees) gets mixed up with the sunny colour
        of the houses
poem like a fit of anger with its soft cheeks so that
you're walking who knows where maybe one
foot in New England the other in Poitou.

*

Sometimes it's like there's nothing else to write
and still a kind of stubbornness you have
to arrange measures of syllabled words together
warns you it's not over even though
maybe it would be better to
leave it at that, not too happy of course
but what else could you do?
taking up the rhythm the familiar words again
only pushes the same question a little further,
or else, in this barely shifting of a poem,
what else is there that counts?

*

C'est vrai que l'automne fait tout le paysage
comme un sourire ou la robe d'une petite fille elle court
la joue tellement rouge
on est bien. Est-ce que ça va continuer?

It's true fall makes the whole landscape
like a smile or the dress of a little girl she's running
with her cheeks so red
it is nice here. Is it going to go on?

SERGE SAFRAN

Six Original Proofs

Translated by Pierre Joris

Six épreuves d'origine

une mouche bleue
l'exaspération des limites

que la chemise se froisse

I

petites filles
en cachemires chauds

sur chaque sein
une goutte de sang caillé

vos secrets sur vos cahiers
vos ventres vos miroirs
ces mots d'ivoire
de croire que les mots
comme un serveur en blouse grise
apportent de gros gâteaux

petites filles
en terrasse on attend l'océan du silence

Six Original Proofs

a blue fly
exacerbation of the limits

let the shirt get wrinkled

I

little girls
in warm cashmeres

on each breast
a drop of clotted blood

your secrets in your notebooks
your bellies your mirrors
those ivory words
to believe that words
like a waiter in a grey coat
bring big cakes

little girls
at a café terrace one waits for the ocean of silence

ces rêves sont étranges
et les citrons mordus

ont le goût des prières impavides

II

trembler au souvenir
d'une étoile me trouble

il n'y a pas de corps à corps
pour traduire
la féérie des loukoums

jazz aux cimaises
de la laideur primate du réel
«Colombophile réouvert»

POUR QUELLE MUSIQUE À L'INTÉRIEUR?

these dreams are strange
and the bitten into lemons

taste of undaunted prayers

II

to tremble at the memory
of a star troubles me

there is no hand-to-hand tussle
to translate
the magic of Turkish delights

jazz on the line
of the primate ugliness of reality
"The Colombophile reopens"

WHAT MUSIC INSIDE?

la pluie en danseuse

la foudre tombe
le cyprès brûle

l'orage apaisera l'aire chaude
l'espace de mentir plus avant

III

intermittences du soir seul
à la saveur du silence

parfois
on croit rêver sa vie
deux fois

à écrire comme à battre
le cœur
dans les éternuements
déraisonne

rain as dancer

lightning strikes
the cypress burns

the storm will calm the hot area
the space of lies widens

III

intermittences of evening alone
savours of silence

at times
you think you dream your life
twice over

to write is to beat
the heart
caught cold
unsound

un insecte
mort, sec
entre les doigts
et les pétales d'hortensia

l'image même du retour

IV

trois nuits fortuites
si fortes à surpasser
toute dispersion perverse

la gueule d'un dogue au bord d'un mégot

la jupe relevée d'une fillette
pour ses blanches chaussettes
de l'autre côté du métro

an insect
dead, dry
between your fingers
and the petals of the hydrangea

the very image of return

IV

three fortuitous nights
so strong in overcoming
all perverse dispersion

a mastiff's snout nudging a butt

a little girl's raised skirt
pulling up her white socks
on the other side of the subway

dédicace surprise
à secouer les murs
à marcher pour marcher

mal de ventre
mal de vivre
du soleil à la pluie

V

sur la route zébrée d'ombre et lumière
un enfant pisse
du haut du pont

un chien
bloque la circulation

tout truqué te traque
vieil enfant

ton ami est aussi précieux
qu'un diamant de Manille

surprise dedication
to shake the walls
to walk just to walk

belly-ache
life-ache
from sun to rain

V

on the road streaked with shadow and light
a child takes a piss
from the top of the bridge

a dog
blocks traffic

all that's faked follows you
old child

your friend is as precious
as a Manila diamond

aux rives rouges de Judée

j'irai où m'entraîne
la balade du ciel noir

entre deux phares
ébloui

phalène folle d'éternité

VI

la peau douce de la terre
sous les pieds

l'angoisse ne tient à rien
les jours se défont dans le rafia
les journaux étrangers

la nourriture noire
des cœurs nubiles

les papillons
font comme un nid de paille
au creux de la main

on the red banks of Judea

I'll go where the ballad
of a black sky leads me

between two headlights
dazzled

moth crazed with eternity

VI

the soft skin of the earth
underfoot

anguish comes out of nothing
days come undone in raffia
foreign newspapers

the black food
of nubile hearts

butterflies
seem to build a nest of straw
in the hollow of your hand

la matrice des mots
la complainte des tuiles

être *un* du corps comme du cœur
et se savoir aussi fragile que le vent

the matrix of words
the complaint of tiles

to be *one* of body as of heart
and to realize one is as fragile as the wind

SERGE SAUTREAU

The Crystal in Lightning

(Fragments)

Translated by Pierre Joris

Le cristal dans l'éclair (Fragment)

à Roger Gilbert-Lecomte

I

Toi
L'Incendié l'Ange déchu l'Exact

Dont le corps de toujours est braise
Et le cœur, racine d'aube
Trace d'en deça
Agonie d'avant bruit
Présence et simulacre

Mort-dans-la-vie
Guetteur troué de la grand-soif
Toi
Tétanisé par le feu noir
Amant mortel et révolté de la déesse
Horizontale

Toi
Debout dressé dans l'impossible Non
Et frémissant au nom du sens, exultant
A l'appel tout au fond vorace qui taraude
L'expérience
Et le rêve du Verbe

The Crystal in Lightning (Fragments)

to Roger Gilbert-Lecomte

I

You
The Burnt One, You the Fallen Angel, You the Sharp One

Whose body of forever is embers
Whose heart is the root of dawn
Trace of within
Agony prior to noise
Presence and semblance

Dead-in-life
Look-out riddled by the Great Thirst
You
Tetanized by black fire
Mortal and revolted lover of the Horizontal
Goddess

You
Standing aloft in the impossible No
And trembling in the name of meaning, exalted
By the call of the voracious deep that gnaws
Experience
And the dream of the Word

Toi
Reclus dans l'agilité miraculeuse de l'éclair
Dans le déclic et les tombeaux
Pétrifié d'innocence
Interdit d'éveil
Insomnié sous le manteau de sueurs
Au glacis de la déesse noire

Toi l'expérimental
Toi le paroxystique
Te voici douleur, et manque
Et absolu
Toi
En manque d'Absolu
Toi le Farouche le Voyant l'Essentiel
Le consumé d'exils
L'Elu aux prises avec
La fulgurante déchéance d'être né

Une image première hante les sentinelles
Et je te nomme, Vertigineux
Je te retrouve, Incandescent
Je te délie, Ascète de la démesure

La chair tombe et la nuit au château sidéral
Nul n'est plus âgé qu'un enfant mort
Devant la face d'homme inachevée dépouille
Au calvaire ébloui.

Cicatrice d'étoile au ciel des hérésies
Je salue la misère la grâce et la lumière
Qui sont en toi

You
Recluse in the miraculous agility of lightning
In the click and in the tombs
Petrified by innocence
Forbidden to wake up
Sleepless under the coat of sweat
At the black goddess' glacis

You the Experimental One
You the Paroxyst
Here you are: pain and absence
And the absolute
You
Who lacked the Absolute
You the Fierce One, the Seer, the Essential
Consumed by exiles
The Elected One grappling with
The lashing downfall of being born

A primary image haunts the sentinels
And I name you, Vertigo
I find you again, Incandescence
I unfetter you, the Ascetic of Excess.

The flesh falls as does night on the sidereal castle
Nobody is older that the dead child
Facing man's unending spoils
On the dazzled calvary

The scars of stars in the sky of heresies
I salute poverty, grace and light
That belong to you

II

Véhémence et retrait
Le but précède l'origine

Ton sarcasme rôde encore
Et ton délié lyrique
Proie de révélation
Dialectique du tout et rien dans le déchirement des apparences
Transparence blessée par son habit de lumière

Torturé souverain orgueil du démuni
Sous la morsure
Paradisiaque

Tu as cherché
L'état de gloire à la vraie vie d'Avant

Tu as exalté celle qui sauve
Et qui tue

Décapant
Suicidaire
Fable d'adolescent maniant la science sacrée

(Tu parlais de Kâli à Nathaniel un soir
Toi, vertu du fou-rire chez les aérés vifs
Et de philogenèse et d'Un et d'encensoirs
Et tu riais plus qu'ivre-mort
Et mieux qu'un mort qui serait ivre

Aveugle anéanti dans les caves de l'être

II

Vehemence and withdrawal
The goal precedes the origin

Your sarcasm still prowls
And your lyrical savvy
Revelation's prey
Dialectic of all and nothing in the tearing of appearances

Transparency wounded by its dress of light

Tortured sovereign pride of the dispossessed
In the bite
By paradise

You have searched for
The state of glory in prenatal's true life

You have exalted the one who saves
And kills

Corrosive
Suicidal
Fable of the adolescent handling a sacred science

(You spoke of Kali to Nathaniel one night
You, the virtue of mad laughter, among the quick high ones
Of phylogenesis and the One and censers
And you laughed louder than the dead-drunk
And better than the dead who are drunk

Blind you were destroyed in the caves of being

Visionnaire de naissance en Asphyxie béante

Tu ris toujours
Terriblement)

Tu as cherché un seuil de moindre souffrance
Pour la souffrance et le
Secret

Veines rompues au mythe
Entre force des renoncements
Et vertige de la dernière chance

Epiphyse et repère
La métaphysique
Expérimentale, son insolente

Fleur de chardon dans le balisage des signes

Sa frappe trouée de rage majeure
Son désespoir d'ascèse en tentation inverse
L'initiative et le casse-dogmes
Le Grand Jeu

Fierté traquée libérée-libre étincelante
Avec la double voix et les tétrachlorures
Avec voir comment c'est la mort quand on la frôle
On est très sérieux quand on atteint seize ans

Le fouet de la quotidienne embolie, la chronique
Peut faire siffler sa malédiction

Orage et foudre sous les os le Visité l'évite

Visionary of birth gasping in Asphyxia

You always laugh
In terror)

You searched for a level of lesser suffering
For the sake of suffering and
Secret

Veins inured to myth
Between the strength of renunciations
And the vertigo of the last chance

Epiphysis and notch
Experimental
Metaphysics, its insolent

Flowering thistle in the buoying of signs

His savvy riddled by a major rage
His ascetic despair with backward temptations
Initiating, dogma-shatterer
Le Grand Jeu

Tracked-down pride liberated-free shining
With a double voice and the tetrachlorides
With seeing how it's death as you brush against it
You are very serious when you turn sixteen

The whip of daily embolism (chronic)
Able to let its malediction whistle

Visited by storm and lightning under the bones he avoids it

Il rit d'agir et non-agir

Le poème est vivant il marche à l'évidence

Et la beauté te cloue sur le grabat d'un hôtel borgne

Tu tombes

Tu tombes entaille fièvre puits de mine

Tu tombes quartz

Tu tombes

Sans toi

Vers l'intérieur du haut

Jusqu'aux sous-sols cales et bas-fonds humanoïdes
A l'égout des éons à la
Descente plein ciel au gouffre

Et là perdu laissé lâché ce souvenir
Au pays d'avant naître

Retour rythmique
Zone abrupte
Tu offres à la densité
L'intuition d'un reflet hors jeu

He laughs at doing and not-doing

The poem is alive and walks to the fore

And beauty nails you on the sickbed of a shabby hotel

You fall

You fall fever slash mine-shaft

You fall quartz

You fall

Without you

Within the heights

All the way to the basements holds and humanoid underworlds
In the eons' gutter in the
Sky-high descent into the abyss

And there lost left released this remembering
In prebirth country

Rhythmical return
Abrupt zone
You offer to density
The intuition of a played-out reflection

Tu t'es taillé un empire
De millénaires ajourés à la seconde
Avec les hululements de l'invisible et les syncopes du point
Mort

Tu n'as jamais cessé de mourir

Invocateur
Aérolithe de conscience brute égaré dans les rues du monde
Epervier du baroque
Proclamateur du *plus intense*
Fixité fluide
Tourbillon
Hurleur troué oh silencieux
Tu es là en n'y étant pas
Tu as toujours su te maudire à temps

Mais les serments se manquent comme la balle son suicidé
Comme le poison le cœur
Et se gagnent au ralenti dose après dose d'exploration
Là où cesse la durée
Où la peau n'est qu'une ombre
Là
Lointain immédiat
Nulle part

You have carved yourself an empire
Of millenia perforated to the second
By the ululations of the invisible and the dead point's
Syncopation

You have never stopped dying

Invoker
Aerolite of brute consciousness lost in the streets of the world
Baroque hawk

Proclaimer of the *most intense*
Fluid fixity
Turbulence
Riddled screamer, silenced
You are there not being there
You know how to damn yourself on time

But the sermons miss like the bullet its suicide
Like the poison the heart
And in slow motion exploring hit after hit
There where time ends
Where the skin is but a shadow
There
Immediate distance
Nowhere

ANDRÉ VELTER

Poems

Translated by Catherine Chattard and Pierre Joris

Cortège

Moins que nomades plus que fantômes
Ils portent des secrets pareils à des fougères brûlées
Demeurent à la limite des choses
Aiment le silence et l'immensité
Le sable le soleil l'haleine de la nuit

Ils tremblent pour un mirage
Même s'ils n'ont pas soif
Ils campent près de l'abîme
Le vertige est masqué

Un peu moins d'apparence sur la peau
Un peu plus de vide dans les yeux
Déjà au-delà d'eux-mêmes
Ils voient sans y voir
Comme des ombres hantées

Celui-là déplace le bout du monde avec lui
A la pointe de l'âme tatoué sur l'épaule

L'autre se fait un profil d'empreinte
Détachée des limons
Joue creuse et ocre
Il chevauche l'hippocampe

Rêve d'or vent de paille
Loin très loin
Entre le presque et l'en allé
Brille le corps
D'un orpailleur dilapidé

Cortege

Not quite nomads yet more than ghosts
They bear secrets like withered ferns
Linger on the brink of skyline
Love silence and space
Sand sun and the breath of the night

They quiver for a mirage
Though thirsty they are not
By the abyss they camp
Vertigo has a mask

As their figures dissolve
Within their eyes emptiness grows
Hence beyond consciousness
Though blind they see
Somewhat haunted shadows

This one stretches the end of the world before his pace
Beyond your soul tattooed upon his shoulder

That one embodies the profile of a print
Inlaid into the silt
Hollow and ochred cheek
He rides the hippocampus

Golden dream wind of hay
Far away
Between the almost and the bygone
Glitters the corpse
Of a stoned gold digger

Avec leurs parures d'oubli
Certains se donnent un sépulcre de cendres

Plusieurs poursuivent à grands cris les nuages
Les visages effrangés qui partent pour le Levant

Le sage doucement s'efface

L'arpenteur a passé les bornes

D'un bivouac enfumé s'échappe une déesse
Et la brume très vite couvre jusqu'aux étoiles

Sous la tente l'astrologue
Dort sur une boussole

Un semblant de clarté pousse une aube semblable
Ivre de mots le traducteur achève l'insomnie
Où *c'est écrit*

Comme une balle dans le poumon gauche
Le reître s'est logé l'orage contre le cœur
L'éclair proclame sa justice
Mais la pluie l'accable de pureté

Quelques-uns comptent sur la chance
En rendant la monnaie avec des pièces trouées

L'adolescent au chapeau de feutre
Vit de départs et d'alarmes

Trois cavales indécises franchissent la *tranquera*
C'est dehors des deux côtés de la porte

With finery of oblivion
Some choose a sepulchre of ashes

Others cry after the clouds
Frayed faces bound for the Levant

The sage gently fades away

The desert surveyor has touched the horizon

From a smoky bivouac a goddess escapes
And the mist swiftly embraces the stars

Inside his tent the astrologer
Has fallen asleep over his compass

A glimmer of dawn chases a glimmer of light
Wild with words the translator reaches the end
    of a restless night
Fate has guided his hand to the truth

Like the bullet lodged in his left lung
The ruffian harbours the storm within his heart
A flash of lightning claims his fairness
But rain overwhelms him with pureness

Some reckon on their luck
And with pierced coins pay back

The adolescent with the felt hat
Lives in departures and alerts

Three confused mares canter through the *tranquera*
For there is nothing on either side of the gate

Dans un reflet ancien
Le chasseur lit sa route

Le chœur des vieilles femmes souffle
Sous le givre des solstices éteints

Le dernier émigrant avait au cerveau une fêlure
Par où passa le chant du Royaume des Ténèbres

Caravane des caravanes
O tous les égarés
Trappeurs bergers danseurs exilés fortes têtes
Portefaix hors-la-loi devins ou funambules
Pèlerins transparents amoureux et ascètes
O vous les incertains
Les à peine apparus les tout juste partis
Une trace pour un songe
De l'air dans la doublure et personne
C'est de l'os c'est du sang
Du roc et des litières une ronde frontière
Un mouvement d'encens
D'un coup la fièvre puis rien
Poussière fille des larmes poussière autre ferment
Poussière poussière oui le feu sur les lèvres
La prière aux absents et l'absence de prière
O tous les égarés
Amants du ciel qui tenez des miroirs
Au creux des mains
O vous les incertains
De la ligne de crête ou des marges du Temps
On dit l'épopée blanche
Caravane des caravanes

The hunter deciphers his way
In the ancient reflection of the stars

The choir of old women weakens
Under the frost of the past solstices

There was a crack in the mind of the last migrant
Through which stole the chant of the Kingdom of Darkness

Caravan of caravans
Oh you stray souls
Outcasts trappers shepherds dancers rebels
Outlaws funambulists seers or nomads
Pilgrims preachers ascetics lovers
Oh you wanderers
Hardly within sight and just vanished
A mere sign in a dream
A draught in the lining yet no one there
It is bones it is blood
Rock and hitters and a roundabout frontier
Curls of incense
A sudden fever then nothing
Dust daughter of sorrow dust you are the ferment
Dust dust oh the burn on the lips
The prayer for the absent ones and the absence of prayer
Oh you stray souls
Lovers of the heavens who hold mirrors
In the hollow of your hands
Oh you wanderers
From the dune crest or the margin of Time
One tells the white epic
Caravan of caravans

Chaman

Ivre de l'ivresse même
Tu danses comme les esprits dansent
Avec ce détachement de geste et de pensée
Qui manifeste ceux qui ne s'appartiennent plus

Shaman

Mad with the very rapture
You are dancing like a phantom
With an indifference to thought and gesture
That betrays the master of freedom

L'amant

Folie noire magie blanche
Sang jeté à paumes ouvertes
Sur un écran de brume
Sang limpide qui se donne des yeux
Sang des tempes ou de la nuque

Messager d'un esprit foudroyé
Et qui cherche la foudre
L'amant veut perdre son âme
Et son ombre et son nom

Il est d'avant la nuit et l'aube

*

Folie blanche magie noire
L'eau retient le visage
Dans un reflet caché
Eau lustrale hors de l'onde
Eau de pluie hors du temps

Gardien d'une chimère noyée
Qui submerge les grands fonds
L'amant capte sous son haleine
Le corps volé que ses lèvres mesurent

Il est d'après le cri et l'or

*

The Lover

Black madness white magic
Blood flung with open hands
Onto a screen of fog
Clear blood giving itself eyes
Blood from the temples or the neck

Messenger of a spirit struck by lightning
And searching for lightning
The lover wants to lose his soul
And his shadow and his name

He is before night and dawn

*

White madness black magic
The water holds back the face
In a hidden reflection
Lustral water outside the flood
Rain water outside of time

Guardian of a drowned chimera
That floods the great depths
The lover catches beneath his breath
The stolen body his lips measure

He is after the scream and gold

*

Folie d'oubli magie présente
Le feu efface
La litanie des flammes
Feu inexpliqué du silex
Feu secret de l'instant

Exilé d'une peur lointaine
Qui arme la solitude
L'amant brûle aveuglément
Avec la rosée du soleil

Dans les visions perdues
Il recouvre la vue

*

Folie présente magie d'oubli
Le vent coupe les veines
Ferveur plus que suicide
Vent des trouées d'espace
Vent des têtes trouées

Sourcier d'un ciel au-delà
Du prisme des couleurs
L'amant s'exalte enfin
De l'infinie beauté

C'est seulement dans tes pensées
Qu'il retrouve la mémoire

*

Madness of oblivion present magic
The fire effaces
The litany of flames
The flint's unexplained fire
Secret fire of the instant

Exiled from a distant fear
That arms loneliness
The lover burns blindly
With the sun's dew

In lost visions
He recovers sight

*

Present madness magic of oblivion
The wind severs the veins
Fervour rather than suicide
Wind of the gaps in space
Wind of the hole-riddled heads

Dowser of a sky beyond
The colour prism
The lover finally exalts
In infinite beauty

It is only in your thoughts
That he recovers his memory

*

FRANCK VENAILLE

Three Phases of a State of Coercion (1983)

Translated by Pierre Joris

Trois phases d'un état de contrainte

Il ne plut pas au Seigneur
de me montrer alors autre chose de l'enfer.

Sainte Thérèse d'Avila

Il criait. Il faisait face au mur. Les mains en porte-voix il criait dans une langue qui m'était inconnue, langue d'enfant peut-être, venue du plus profond de sa douleur farouche. Face au mur il criait. Je le regardais. Je comprenais ce que son message de bête signifiait dans ce lieu dénué de tout espoir de consolation où il n'est question ni de s'asseoir, ni de se coucher. J'étais dans cette espèce de trou creusé dans la muraille. Je l'écoutais. Je le regardais. Moi aussi j'avais peur devant ce mur épouvantable à voir où tout se resserre sur soi-même et bientôt vous étouffe. Il faisait noir. Et je ne comprenais pas comment il pouvait se faire que, sans lumière, on puisse voir autant tout ce qui doit pourtant affliger la vue. Il criait. Il gesticulait. Alors venue de tous les miradors une lumière soudain nous encercla. Nous enveloppa. Je compris mieux dès lors le sens de ses gestes: frottant, grattant, rayant, biffant, raturant, l'homme effaçait les signes inscrits sur le mur. Ainsi il tuait. Prenait la mort à son compte. D'un geste précis que je devinais pourtant las il supprimait ainsi chaque souvenir d'enfance. Quelle exaltation! Nous étions dans le demi-monde de la passion et, mère de la salive, nous ne le savions pas. Il aura fallu que la mort baise la bouche de l'un de nous pour que nous l'apprenions. Ce fut comme un cauchemar. Ce fut. Ce que je dis ô mur épouvantable. Dès lors il cria plus fort. Les mots, les sons, chaque borborygme parvenait jusqu'au trou creusé dans la muraille.

Three Phases of a State of Coercion

It did not please the Lord
to show me at that time another part of hell.
Saint Teresa of Avila

He screamed. He faced the wall. With hands cupped around his mouth he screamed in a language unknown to me, a child's language perhaps, arising from the depths of his fierce pain. Facing the wall he screamed. I looked at him. I understood the meaning of his animal message in this place stripped of all hope where one could neither sit nor lie down. I was in this sort of hole dug into the high wall. I was listening to him. I was watching him. I too was scared facing this terrifying wall where everything closes in on itself and soon suffocates you. It was dark. And I could not understand how, without light, it was still possible to see so much of what was bound to afflict one's sight. He screamed. He gesticulated. All of a sudden, beaming from the watchtowers, a yellow light surrounded us. Enveloped us. From then on the meaning of his gestures became clearer to me: rubbing, scratching, scraping, striking out, crossing out — the man was erasing the signs inscribed on the wall. Thus he killed. Took death upon himself. With a precise movement — though I guessed its tiredness — he thus suppressed all childhood memories. What rapture! We were in the underworld of passion and, mother of saliva, we didn't know it. It took death to kiss the lips of one of us, for us to find out. It was like a nightmare. It was. That is what I say, oh terrifying wall. From then on he screamed louder. Each word, sound, gargle reached the hole dug into the high wall. Unknown language. Message

Langue inconnue. Message d'avant la vie sentant très fort l'urine. Mots scalpels s'attaquant à l'origine même de la langue. Travail de forcené, oui de forçat. Ça, il y a du désir d'immolation en lui! Chez cet être. Eructant. Poings rongés. Et crachant ses phalanges. Il criait. Il était nu. Comme autrefois. Lorsqu'une femme léchait ses larmes ses eaux tous ses crachats. L'enveloppait d'elle-même. Se lovait pour toujours dans ce corps innocent. Ainsi il venait de retrouver l'habit de la première scène. Il était là, dans le cercle jaune. Contre les herses. Les barbelés. Les chevaux de frise. Tandis que des hommes — autour du supplicié — couraient, hurlaient, lourds dans leurs bottes ça! leur force animale!

Ce corps remuant. Cette bête dans ma poitrine. Je lui parlais. Tentais de la calmer cherchant mots qui apaisent. Mais elle courait toujours plus vite vers les alpages. Je devins abattoir. J'avais honte. Malade d'espace la voici qui s'ébroue. Et j'ai mal. Ne me demandez pas son nom. Misère et néant voici les miens. Je ne suis rien. Qu'un intérieur rongé par la souffrance. J'étais devant ce trou. Cette blessure de la terre. Toute proche est-ce drôle d'un nid ainsi la vie se perpétuait mais, ailes rognées, comment voulez-vous que sur la ville je plane? Je ne dirai rien de sa mort. Admettons toutefois que je me mette à me souvenir de ses mains. Miennes et vôtres se ressemblaient dit-on. Alors, curieusement, c'est une image de grillage qui vient à mon esprit. Non pas que les vieilles mains y fussent agrippées mais il me semblait qu'elles étaient elles-mêmes ce sévère entrelacement de fils et qu'elles allaient ainsi m'arracher ma propre peau. Plus tard vinrent tubes à nez à vessie à bouche. Ce n'était plus qu'un corps qu'on appelait malade. Habité par ce qui précède longuement la douleur: l'état d'attente. Alors ses mains, toujours, revenaient

from before life with a heavy smell of urine. Scalpel words attacking the very origin of language. The work of a madman, yes, of a galley slave. For sure there is a desire for immolation in him! In that being. Belching. Gnawed fists. Spitting out his knuckles. He screamed. He was naked. Like in the past. When a woman had licked up his tears, his waters, all he spat out. Wrapped herself around him. Curled up forever in that innocent body. So he had found again the vestments of the primal scene. He was there, in the yellow circle. Against the gratings. The barbed wire. The chevaux-de-frise. While all around the tortured one, men, screamed, heavy in their boots ha! their animal force!

This wriggling body. This animal in my chest. I talked to it. Tried to calm it looking for soothing words. But it ran ever faster towards the mountain pastures. I became a slaughter-house. I was ashamed. Here it is, sickened by lack of space, shaking. And I am in pain. Don't ask me its name. Woe and nothingness, those are mine. I am nothing. Just an inside, hollowed by pain. I was in front of this hole. This wound in the earth. Near a nest — is that funny? — this is how life perpetuates itself but, gnawed wings, how do you want me to hover above the city? I'll say nothing of his death. Let's however admit that I can remember his hands. Mine and yours look alike they say. So, strangely, it is an image of lattice work that comes to mind. Not that the old hands seemed to grip bars but rather that they themselves were a harsh grid of wires and would thus tear off my skin. Later there were tubes in the nose, in the mouth, for the bladder. There remained only a body one calls sick. Inhabited by what precedes pain, by far: the state of waiting. Then his hands, again

s'installer contre lui. Il les portait allongées de chaque côté de sa maladie. Etalées. Bien à plat. Miennes et vôtres s'observant. Il n'aurait fallu qu'un contact pour que quelque chose ici enfin se passe. Comme avant la vie? Comme autrefois dans les douves armure contre armure à l'instant de la parade. Il attendait. Il fixait toujours le même point transparent de la pièce. Son calme impressionnait l'entourage. D'une chambre voisine parvenaient atténués cris et hurlements. Semblait ne pas entendre cette indécence de la forme humaine. Remuait un peu sa bouche sèche. Trou. Crac. Larmes tièdes dont on apprend nuit après nuit à se nourrir. Paroles de gorge tues. Père, que voulons-nous de mieux? Que demandons-nous? Que cherchons-nous si près l'un de l'autre? Je ne dirai rien de l'impatience divine. Une nuit toutefois il tomba, se blessa. Etait-ce nécessaire! De nouveau il devint aveugle et nu dans sa mère. Il attendait. Mains, peu à peu, envahirent les draps, le corps, les couvertures. Miennes et vôtres. Et j'écris du vomi. J'étrangle la douleur mais c'est mon propre cou qu'ainsi je serre. Cette bête dans ma poitrine. Ce corps lourd et remuant. Ne me demandez pas son nom. Néant et misère voici les miens. Et que voulons-nous de mieux. Dites?

Je ne vous confessais qu'en tremblant. J'avais peur de ce que vous alliez dire. De la force de votre pensée. De cette misère — la mienne — qui, ainsi, allait apparaître. Au plus juste. Soit. J'avais peur. Cela dura des années. Entre les persiennes la lumière apparaissait vive et franche sur les dalles. C'était certainement l'automne et vous ne sortiez que quelques minutes dans la journée. Tant de maigreur! Il ne restait de vous que. Mes larmes peut-être que je cachais, que je recueillais, que j'enfouissais. Puis, sifflant, j'allais remplir de pierres le sac lacrymal et le jeter

and again, came back to settle next to him. He carried them on either side of his sickness. Spread out. Mine and yours watching one another. It wouldn't have taken more than one touch for something to happen here finally. Just as before life? Like in the past, in the trenches, armour against armour, at the moment of the parade. He waited. He kept staring at some fixed point in the room. His calmness impressed his surroundings. From a neighbouring room came muffled cries and screams. Did not seem to hear the indecency of the human form. Moved his dry mouth a little. Hole. Crack. Lukewarm tears one learns to feed on night after night. Unsaid words hatching in the throat. Father, what more do we want? What are we asking? What are we looking for, so close to one another? I'll say nothing about divine impatience. However one night he fell and hurt himself. Was it necessary! Again he became blind and naked in his mother. He waited. Hands, slowly, invaded the sheets, the body, the blankets. Mine and yours. And I write vomit. I strangle pain but it is my own neck I squeeze. This animal in my chest. This heavy, squirming body. Don't ask me its name. Nothingness and woe, these are mine. And what more do you want? Tell me.

I always trembled when I heard your confession. I was afraid of what you might say. Of the strength of your thought. Of that woe — mine — which would thus disappear. Most accurately. Let it be. I was afraid. That lasted for years. Between the shutters light fell bright and clear upon the tiles. It must have been autumn, and you went out only a few minutes each day. So much leanness. Of you there remained only. My tears perhaps which I hid, collected, buried. Then, whistling, I'd fill the lacrymal sac with stones and throw it into the lagoon. Where it would

dans la lagune. Où il s'engouffrait. Plus tard nous parlâmes de viscères. Je préférais évoquer les os, plus propres, comme débarrassés d'une enveloppe de souffrance. Toute vie. Toute vie s'arrête là. A son heure. Vous m'apparaissiez pourtant comme un être insécable. Proche et distant de l'existence. Lointain, c'est cela, mais déjà vous étiez installé pour toujours dans ma mémoire. Enfant, vous m'aviez tué. Plusieurs fois. Sans peut-être y prendre garde. Je répondais à votre mutisme par du silence. Quel dialogue de boulevard! Nous n'avancions pas. Je prenais votre arme, la dirigeais tantôt vers vous. Tantôt. Et la reposais. Votre sourire était alors complice. Moiré. Mauve aussi. Et, dans cette lumière vous m'apparaissiez plus jeune. Comme à l'aube de la vie. Vos mains fines et transparentes seront peut-être les premières attaquées. Dans le silence de la terre. Sous les fleurs. Sous ces fleurs. Qu'en tremblant. J'avais déposées. Sur vous qui, déjà, n'existiez plus que dans ma tête malade. Je me méfie des images. Je n'aime que me souvenir. Je le disais. Je le chantais dans la barque mortuaire qui nous emmenait et s'arrachait des ronces des lianes des pièges de l'eau. Glissement. Nous glissions. Conscients de tout. Une autre fois j'allais vous voir vous dire adieu. Sur le quai de la gare le cadavre d'un oiseau me retourna l'esprit. Seule la pudeur m'empêcha de. Je lui parlais. J'en fis un personnage sévère. J'imaginais ses contacts quotidiens avec l'existence. Comme lui nous œuvrons d'un bout à l'autre du temps. Comme lui. Cette bouche, pourtant je la lui fais ouvrir, fermer, je l'empêche de sourire ou de grimacer. Je ne voulais que cela. Je ne souhaitais qu'un contact bien ordinaire. Mais ce qui restait présent de votre corps m'en empêcha. Ne me dites pas que nous devons finir ainsi, tranquille et glacé, dans l'ombre d'une ambassade mortuaire. Le lit. La mécanique. Des ombres grises qui préparent le corps. Il s'agit là d'un accouche-

be swallowed. Later on we talked of viscera. I preferred to mention bones, which are cleaner, as if rid of a layer of pain. All life. All life stops there. At its hour. You however appeared to me as an indivisible being. Close to and faraway from existence. Faraway, that's it, but already you had settled forever in my memory. As a child you had killed me. Several times. Maybe without noticing. I answered your muteness with silence. What slapstick dialogue! We did not get anywhere. I would take your weapon, point it now at you now I. Would put it back down. Your smile then in collusion. Moiré. Also mauve. And, in that light, you seemed younger to me. As at the dawn of life. Your fine transparent hands may be attacked first. In the silence of the earth. Beneath the flowers. Beneath these flowers. That trembling. I had laid down. On you who already no longer existed except in my sick head. I distrust images. I only like to remember. I said it. I sang it in the funeral boat that carried us, that tore itself away from the brambles the lianas the water traps. A sliding. We slid. Conscious of everything. Some other time I went to visit you to say good-bye. On the railway platform, the body of a dead bird turned my mind around. Only modesty kept me from. I talked to it. I turned it into a severe character. I imagined its daily contacts with existence. Like it, we labour from one end of time to the other. Like he. That mouth, I do however force him to open it, to close it, I keep him from smiling or grimacing. I wanted only that. I wanted only a quite ordinary contact. But what remained present of your body kept me from doing so. Do not tell me that we are bound to finish that way, quiet and icy, in the shade of a mortuary embassy. The bed. The machinery. Grey shadows getting the body ready. That is a kind of reverse birthing, isn't it! You are making fun of me. In the drawer of a cold room. Horror. Where they called me.

ment à l'envers, dites! Vous vous moquez de moi. Dans le tiroir d'une chambre froide. Horreur. Où l'on m'appelait. Où l'on m'appelait. Où l'on disait mon nom. Le vôtre. Et je pensais alors prendre votre place. Tandis qu'une main sur votre bouche se fixait. S'arrêtait. Et que, dehors, la vie, les roulements, les grâces!

Where they said my name. Yours. I thought then of taking your place. While a hand lowered over your mouth. Froze. While outside, life, tumblings, grace.

MARC VILLARD

Poems

Translated by Paul Buck

Ordinaire

Avec du lait d'ânesse
et des messages d'apocalypse
dans mon couffin mental

j'attends les mandarins
du septième jour

ils tissent des canevas
basics et s'cousent des cœurs
toujours plus humains

Frankenstein sourit
à leur bas-ventre

J'ai rendu compte à Elvis
brave soldat une-deux
qui fume des craven sans filtre
sur une barque légère
au large de Mexico

le king m'a confié dans un rictus:
la mécanique mentale
pourrait marchander des feux de bengale
dans les flammes de l'enfer,
sais-tu?

c'est une lévitation rose
qui m'a conduit ici
par ma bouche
elle aspire toutes les terreurs

Usual

With the milk of an ass
and apocalyptic messages
in my mental basket

I await the mandarins
of the seventh day

they weave basic
outlines and sew hearts
ever more human

Frankenstein smiles
at the lower parts of their abdomens

I gave an account to Elvis
brave soldier one-two
who smokes plain Craven
on a light boat
in the Gulf of Mexico

the king confided in me with a grin:
the mental mechanics
would be able to haggle with Bengal lights
in the flames of hell,
you know?

it is a rose levitation
that conducted me here
through my mouth
she inhales all terrors

énoncées sous la citadelle de Hué
(quand *Satisfaction* incitait
les fantômes au napalm
à tutoyer Dieu)

moi je rôde
dans les poubelles de l'histoire
mendiant des mots définitifs
aux poupées frigides
de la Sémantique Impériale

puis Elvis m'a trouvé
au fond des chiottes, à l'hôtel
des cœurs brisés

mon haleine intérieure
ma carcasse de sang frais
s'anamorphosent,
une langue râpeuse
bouleverse ma génétique

Je suis la queue de comète
qui sanglote dans l'entresol
à des milliards d'années-lumière
du monde humain

Ils arrivent avec leurs mensonges
je garde pour moi le souffle atomique
de l'électricité.

stated beneath the citadel of Hue
(when *Satisfaction* incited
the napalm ghosts
to become more familiar with God)

I grind
in the dustbins of history
begging definitive words
with frigid dolls
of the Imperial Semantics

then Elvis found me
at the bottom of the john
in the Heartbreak Hotel

my inner breath
my carcass of fresh blood
anamorphoses itself
a raspy tongue
overturns my genetics

I am the comet tail
that sobs in the mezzanine
a billion light years
of the human world

They arrive with their lies
I keep for myself the atomic breath
of electricity.

Déclaration

pour nourrir
un cargo de viscères
j'ai nommé la terreur
aux portes
des métropoles en flammes

mes agents doubles
rampaient sur les ruines
de l'occident chrétien
psalmodiant
des gimmicks alternatifs

aujourd'hui, ils suicident
des singes cosmonautes
pour conjurer
l'empire de la malédiction

le cœur en berne
je distille ma haine
dans les computers-nains

qui prendra en charge
la puissance de l'effroi,
la réalité du doute?

On imagine
des prêtres maladifs
titubant sur nos cœurs
à l'unisson

Declaration

to feed
a cargo of viscera
I named terror
at the gates
of the blazing metropolis

my double agents
crawled on the ruins
of the christian west
chanting
alternative gimmicks

today, they kill themselves
with cosmonaut monkeys
in order to ward off
the empire of malediction

my heart ridiculed by it
I distill my hatred
into the computer-dwarfs

who took charge of
the power of dread,
the reality of doubt?

One imagines
sickly priests
reeling on our hearts
in unison

il me faut du soufre
et les codes interdits

pour naître enfin de la machine,
un monstre sans tache
qui dira
la fiction des toujours

I need sulfur
and the forbidden codes

to give birth finally to the machine,
a spotless monster
who will tell of
the fiction of always

Chaud devant

parfois
le feu brouillé
de l'aube stéréophonique
noyait mes petits cris
écrits

je fis amener une gabarre
pour y entasser les traîtres
et les rouquins de Lahkdar

la psychanalyse Yaqui
reste impénétrable

ils sont dans la passe
négociant des virages middle west,
bécotant dans un grand fret
de conscience
Miss Kalito dédrapée

pour ça aussi
ils devront payer

moi je vadrouille
dans la splendeur,
mais ce soir-là
je tutoyais la mort,
digestion facile
tendresse premier degré

Warm in Front

sometimes
the fire blurred
with stereophonic dawn
drowned by small cries
writings

I brought forward a barge
in which to pack traitors
and the red-haired of Lahkdar

the psychoanalyst Yaqui
remains impenetrable

they are in the pass
negotiating middle west bends
peck kissing into a large freight
of conscience
Miss Kalito undressed

for that also
they must pay

I gallivant
in the splendour
but this evening
I become familiar with death,
easy digestion
first-degree tenderness

j'ai connu l'intensité
d'un désir absolu
avec un seul mot d'ordre
à répandre, une épidémie:
vous vaincrez la laideur

c'est par la passe qu'ils viendront
répandre la contrainte

la guerre,
je la déclarai le 101ème jour
dieu n'était pas du bon côté
mais le zen m'inspira:

Mao, lui dis-je
trouvez-moi la septième face du dé

I have known the intensity
of an absolute desire
with a sole key-note
to spread, an epidemic:
you will vanquish ugliness

it is through the pass they come
spreading constraint

the war,
I declared it the 101st day
god wasn't on the right side
but zen inspired me:

Mao, I said to him
find me the seventh face of the dice

Bio-Bibliographical Notes

Native of Toulouse, Patrice Beray was born in 1956. He founded with Luc Richer the magazine, *Delta station blanche de la nuit*. His book, *Passagers de la nuit*, was published in 1982 by Le Castor Astral/L'Atelier de l'Agneau.

Born on October 7, 1948 in Paris, Patrice Delbourg has worked as journalist for *Les Nouvelles littéraires* and *L'Evénement du Jeudi*. He is presently active on the editorial board of the magazine, *Exit*, and has published *Toboggans* (L'Athanor, 1976), *Ciné X* (Lattès, 1977), *Cadastres* (Le Castor Astral, 1978), *La Martingale de d'Alembert* (Hemsé, 1981), *Génériques*, (Belfond, 1982 — Winner of the Max Jacob Prize 1983) and *Absence de pedigree* (Le Castor Astral, 1984). A novel is about to come out at the Seuil, *Une mort propre*.

Olivier Kaeppelin was born on April 10, 1949 in Rio de Janeiro. He is one of the founders of the magazine, *Exit*, and has worked for the radio, *France-Culture*. He teaches at the Fine Arts School of Nantes and at the Université de Paris VIII. In 1984 he published *En-bàs* at Editions Baudoin-Lebon.

Born in New York, Leslie Kaplan now lives and works in Paris. She has published *L'Excès-L'Usine* (Hachette/P.O.L., 1982), *Le Livre des ciels* (P.O.L., 1983) and *Le Criminel* (P.O.L., 1985).

Dominique Labarrière was born in Paris in 1948. He was one of the editors of the magazine, *Rue Rêve*, and has published *Nostalgie du présent* (L'Athanor, 1977) and *La Pratique de l'émotion* (Luneau-Ascot, 1984).

Born on October 13, 1936 in Villeurbanne, Yves Martin has published many books of which the latest are *Je rêverai encore* (Alfred Eibel, 1978), *Un peu d'électricité sous un grand masque noir* (Le Cherche Midi, 1979), *De la rue elle crie* (Chambelland, 1982) and *L'Enfant*

démesuré (Le Tout sur le tout, 1983). Along this active literary occupation, Yves Martin founded with filmmaker Bertrand Tavernier *Le Nickel Odeon*.

Jean-Yves Reuzeau was born on December 24, 1951 in Laval (France). He lives in Paris and founded the magazine, *Jungle*. He has published *L'Œil biographe* (Le Coin, Montréal, 1976), *Rauque haine rôle* (Le Castor Astral, 1977) and forthcoming *Photogénie de la douleur*. He is music critic of rock and jazz, and has done much in getting modern Québécois poets published in France.

James Sacré was born on May 17, 1939 in Cougou (Vendée) and, after spending most of his youth on his parents' farm, decided to move to the United States in 1965. He has published numerous books of which the latest are *Quelque chose de mal raconté* (Ryôan-ji, 1981), *Des pronoms mal transparents* (Le Dé Bleu, 1982), *Ancrits* (Thierry Bouchard, 1982), *Rougigogne* (Obsidiane, 1983).

Born in Bordeaux, on November 22, 1950, Serge Safran is one of the editors of *Jungle* and has worked for other magazines such as *Magazine littéraire, Kanalmagazine* and *Contre-ciel*. His books are *Bleuets de boue* (Le Castor Astral, 1976), *Le Chant de Talaïmannar* (Le Castor Astral, 1978), *Cinq sonnets pour Nadhya* (Mandala, 1981) and *De l'autre côté du Ladakh* (Vrac, 1981).

Serge Sautreau was born in Paris, in 1943. He has travelled in the Orient and has worked for *Les Temps Modernes, Fin de siècle*, and founded in 1983 the magazine *Nulle Part*, with J.L. Clavé, Bernard Noël and André Velter. He edited *De la déception pure, manifeste froid* (Ed. 10/18, 1973). Some of his titles are *Aïsha* (Gallimard, 1966), *L'Autre page* (Seghers, 1973), *Le Gai désastre* (Bourgois, 1980) and *Dar-î-nur* (Nulle Part, 1983).

André Velter was born on February 1, 1945 in Signy l'Abbaye (Ardennes). In 1973 he edited *De la déception pure, manifeste froid*, (Ed. 10/18, 1973) with Serge Sautreau. He spent two years in the Himalays, after which he founded *La Nouvelle revue tibétaire* with Clavé and Noël. His works are many and he has worked along side Serge Sautreau and Marie-José Lamothe. His latest titles are *La cible des*

comme si (Les Cahiers des Brisants, 1984), *De la nuit* (Brandes, 1984), *Une fresque peinte sur le vide* (Fata Morgana, 1985).

Franck Venaille was born in Paris in 1936. He founded the magazines *Chorus* and *Monsieur Bloom* and has published the following books: *Haine de la poésie* (Bourgois, 1979), *Jack-to-Jack* (Luneau-Ascot, 1981) and under the pseudonym Lou Bernardo, *La procession des pénitents* (Monsieur Bloom, 1984). Georges Mounin has written a study of this poet entitled, *Franck Venaille* (Seghers, Poètes d'Aujourd'hui, 1982).

Marc Villard was born in Versailles, in 1947. He has published detective novels: *Légitime démence* with Degliame (Sanguines, 1980), *Corvette de nuit* (Fayard, 1981) and *Ballon mort* (Gallimard, 1984), short stories: *Nés pour perdre* (Repères, 1980), *Cœur debout* (Hemsé, 1982), *Sauvages dans les rues* (NEO, 1983), and poetry: *Mouvement de foule autour du bloc 9* (Le Castor Astral, 1979) and *Le Gaucher* (Vrac, 1982). He is also a scriptwriter: *Neige* (by Juliet Berto and Jean-Henri Roger, 1981).

Printed in December 1998 by

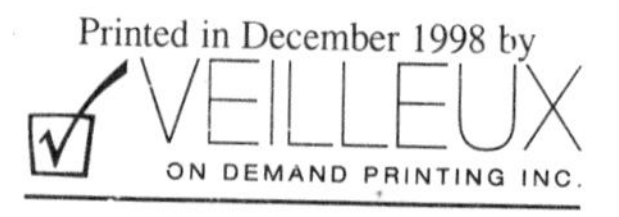

in Boucherville, Quebec